悦·读人生

On Derrida
德里达

[美] 斯蒂芬·哈恩（Stephen Hahn）◎著

吴 琼◎译

清華大學出版社
北 京

北京市版权局著作权合同登记号 图字01-2018-1886号

On Derrida
Stephen Hahn

Copyright © 2014 by Wadsworth, a part of Cengage Learning.

Original edition published by Cengage Learning. All Rights Reserved. 本书原版由圣智学习出版公司出版。
版权所有，盗印必究。

Tsinghua University Press is authorized by Cengage Learning to publish and distribute exclusively this simplified Chinese edition. This edition is authorized for sale in the People's Republic of China only (excluding Hong Kong, Macao SAR and Taiwan). Unauthorized export of this edition is a violation of the Copyright Act. No part of this publication may be reproduced or distributed by any means, or stored in a database or retrieval system, without the prior written permission of the publisher.
本书中文简体字翻译版由圣智学习出版公司授权清华大学出版社独家出版发行。此版本仅限在中华人民共和国境内（不包括中国香港、澳门特别行政区及中国台湾）销售。未经授权的本书出口将被视为违反版权法的行为。未经出版者预先书面许可，不得以任何方式复制或发行本书的任何部分。

Cengage Learning Asia Pte. Ltd.
151 Lorong Chuan, #02-08 New Tech Park, Singapore 556741

本书中文译文为中华书局许可使用。
本书封面贴有 Cengage Learning 防伪标签，无标签者不得销售。
版权所有，侵权必究。侵权举报电话：010-62782989 13701121933

图书在版编目（CIP）数据

德里达 /（美）斯蒂芬·哈恩（Stephen Hahn）著；吴琼译. —北京：清华大学出版社，2019
（悦·读人生）
书名原文：On Derrida
ISBN 978-7-302-52561-5

Ⅰ.①德… Ⅱ.①斯… ②吴… Ⅲ.①德里达（Derrida, Jacques 1930-2004）—哲学思想—思想评论 Ⅳ.① B565.59

中国版本图书馆 CIP 数据核字（2019）第 046518 号

责任编辑：刘志彬
封面设计：李召霞
责任校对：王荣静
责任印制：刘海龙

出版发行：清华大学出版社
　　　　　http://www.tup.com.cn
　　　　　社　总　机：010-62770175
　　　　　投稿与读者服务：010-62776969，c-service@tup.tsinghua.edu.cn
　　　　　质量反馈：010-62772015，zhiliang@tup.tsinghua.edu.cn
地　　址：北京清华大学学研大厦 A 座
邮　　编：100084
邮　　购：010-62786544

印　装　者：三河市铭诚印务有限公司
经　　销：全国新华书店
开　　本：148mm×210mm　　印　张：5.5　　字　数：103 千字
版　　次：2019 年 5 月第 1 版　　印　次：2019 年 5 月第 1 次印刷
定　　价：35.00 元

产品编号：077086-01

德里达

雅克·德里达（Jacques
Derrida，1930—2004），
法国解构主义哲学家。出生
于阿尔及利亚的犹太家庭，
曾于巴黎高师求学，后于美
国哈佛大学短期进修，而后
任职于索邦大学、巴黎高师
和法国高等社会科学院。晚
年积极参与政治事件，反对独裁、种族主义、恐怖主义等。2001年曾来
访中国。著有《文学行动》《论文字学》等。

德里达提出著名的"去中心"理论，即否定任何意义上的中心的存在，
并认为只有"活动"存在，存在不断被否定，中心不断转移，而其空缺
由不在场的共存填补。他还强调文字的作用，主张以"原文字"取代言
语的本体性地位。这都与西方哲学史上的传统理论背道而驰，与欧陆哲
学、英美哲学等也均有差异，所以他的思想一直备受争议。但他的解构
思想影响仍十分广泛，成为后现代思潮中最重要的理论之一。

内容简介

　　本书从德里达成为公众人物的那一时刻切入，然后将他置于他所处的历史语境和文化语境中进行考察，接下来探讨了德里达与同时期的其他哲学家和他们的理论之间的关系。通过对其自身、其所处环境和一定程度上的交叉对比的考察来帮助读者深入理解德里达的思想体系，把握其富有启发性和包蕴性的思想。

总序

贺麟先生在抗战时期写道："西洋哲学之传播到中国来，实在太晚！中国哲学界缺乏先知先觉人士及早认识西洋哲学的真面目，批评地介绍到中国来，这使得中国的学术文化实在吃亏不小。"[①]贺麟先生主持的"西洋哲学名著翻译委员会"大力引进西方哲学，解放后商务印书馆出版的《汉译世界学术名著》的"哲学"和"政治学"系列以翻译引进西方哲学名著为主。20世纪80年代以来，三联书店、上海译文出版社、华夏出版社等大力翻译出版现代西方哲学著作，这些译著改变了中国学者对西方哲

---

① 贺麟. 当代中国哲学. 上海：上海书店，1945：26.

学知之甚少的局面。但也造成新的问题：西方哲学的译著即使被译为汉语，初学者也难以理解，或难以接受。王国维先生当年发现西方哲学中"可爱者不可信，可信者不可爱"，不少读者至今仍有这样体会。比如，有读者在网上说："对于研究者来说，原著和已经成为经典的研究性著作应是最该着力的地方。但哲学也需要普及，这样的哲学普及著作对于像我这样的哲学爱好者和初学者都很有意义，起码可以避免误解，尤其是那种自以为是的误解。只是这样的书还太少，尤其是国内著作。"这些话表达出读者的迫切需求。

为了克服西方哲学的研究和普及之间的隔阂，清华大学出版社引进翻译了国际著名教育出版巨头圣智学习集团的"华兹华斯哲学家丛书"（Wadsworth Philosophers）。"华兹华斯"是高等教育教科书的系列丛书，门类齐全，"哲学家丛书"是"人文社会科学类"中"哲学系列"的一种，现已出版88本。这套丛书集学术性与普及性于一体，每本书作者都是研究其所论述的哲学家的著名学者，发表过专业性很强的学术著作和论文，他们在为本丛书撰稿时以普及和入门为目的，用概要方式介绍哲学家主要思想，要言不烦，而又不泛泛而谈。因此这套书特点和要点突出，文字简明通俗，同时不失学术性，或评论哲学家的是非得失，或介绍哲学界的争议，每本书后还附有该哲学家著作和重要第二手研究著作的书目，供有兴趣读者作继续阅读之用。由于这些优点，这套丛书在国外是不可多得的哲学畅销书，不但是哲学教科书，而且是很多哲学业余爱好者的必读书。

"华兹华斯哲学家丛书"所介绍的，包括耶稣、佛陀等宗教创始人，沃斯通克拉夫特、艾茵·兰德等文学家，还包括老子、庄子等中国思想家。清华大学出版社从中精选出中国人亟须了解的主要西方哲学家，以及陀思妥耶夫斯基、梭罗和加缪等富有哲思的文学家和思想家，以飨读者。清华大学出版社非常重视哲学领域，引进出版的《大问题：简明哲学导论》等重磅图书奠定了在哲学领域的市场地位。这次引进翻译这套西文丛书，更会强化这一地位。现在越来越多的人认识到，在思想文化频繁交流的全球化时代，没有基本的西学知识，也不能真正懂得中华文化传统的精华，读一些西方哲学的书是青年学子的必修课，而且成为各种职业人继续教育的新时尚。清华大学出版社的出版物对弘扬祖国优秀文化传统和引领时代风尚起到积极推动作用，值得赞扬和支持。

张世英先生担任这套译丛的主编，他老当益壮，精神矍铄，认真负责地选译者，审译稿。张先生是我崇敬的前辈，多年聆听他的教导，这次与他的合作，更使我受益良多。这套丛书的各位译者都是学有专攻的知名学者或后起之秀，他们以深厚的学养和翻译经验为基础，翻译信实可靠，保持了原书详略得当、可读性强的特点。

本丛书共 44 册，之前在中华书局出版过，得到读者好评。

我看到这样一些网评："简明、流畅、通俗、易懂，即使你没有系统学过哲学，也能读懂"；"本书的脉络非常清晰，是一本通俗的入门书"；"集文化普及和学术研究为一体"；"要在一百来页中介绍清楚他的整个哲学体系，也只能是一种概述。但对于普通读者来说，这种概述很有意义，简单清晰的描述往往能解决很多阅读原著过程中出现的误解和迷惑'"；等等。

这些评论让我感到欣慰，因为我深知哲学的普及读物比专业论著更难写。我在中学学几何时曾总结出这样的学习经验：不要满足于找到一道题的证明，而要找出步骤最少的证明，这才是最难、最有趣的智力训练。想不到学习哲学多年后也有了类似的学习经验：由简入繁易、化繁为简难。单从这一点看，柏拉图学园门楣上的题词"不懂几何者莫入此门"所言不虚。我先后撰写过十几本书，最厚的有八九十万字，但影响最大的只是两本 30 余万字的教科书。我主编过七八本书，最厚的有 100 多万字，但影响最大的是这套丛书中多种 10 万字左右的小册子。现在学术界以研究专著为学问，以随笔感想为时尚。我的理想是写学术性、有个性的教科书，用简明的思想、流畅的文字化解西方哲学著作烦琐晦涩的思想，同时保持其细致缜密的辨析和论证。为此，我最近提出了"中国大众的西方哲学"的主张。我自知"中国大众的西方哲学，现在还不是现实，而是一个实践的目标。本人实践的第一步是要用中文把现代西方哲学的一些片段和观点讲得清楚明白"①。欣闻清华大学出版社要修订再版这套译丛，每本书都是讲得清楚明白的思想家的深奥哲理。我相信这套丛书将更广泛地传播中国大众的西方哲学，使西方哲学融合在中国当代思想之中。

赵敦华

2019 年 4 月

---

① 详见赵敦华. 中国大众的现代西方哲学. 新华文摘，2013（17）：40.

目录 | Contents

On Derrida ——————— 导论

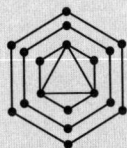

雅克·德里达是 20、21 世纪之交哲学话语发展中的一个复杂人物。本书不是想简化，而是想为对通常所谓的"后现代"思想感兴趣的读者就德里达著作中首要的"关注点"（贝尔纳斯科尼，第 99 页）提供一个简洁的描述。

开篇的两章从两个不同的方面——理论的或分析的方面、叙事的方面——对德里达进行了介绍。第一章集中介绍了德里达成为公众人物的那一特殊时刻，对他的题为"人文科学话语中的结构、符号与游戏"（1966 年）的演讲作了分析性的概述。人们可能会觉得那是对当时那一时刻的德里达的一个扫描；但我们有理由相信这一扫描性的概述也可投射到德里达其他的时刻，

因而也能为那些时刻的德里达提供一个轮廓。第二章则更像是一种叙事，它将德里达置入其所在的历史与文化语境中加以考察，但我们没有求助于太多私人性的东西，而更多的是求助于公共素材和德里达自己的自传性评述。作为读者，你可根据自己的偏好，选取其中的某一方面作为进入德里达的入口。

在接下来的两章中，首先在第三章讨论了德里达与两位重要的欧洲大陆哲学家——埃德蒙德·胡塞尔与马丁·海德格尔——的关系，接着在第四章又讨论了他与英美哲学的某些方面的关系。

第三章扼要说明了德里达与"西方形而上学"的关系，在胡塞尔与海德格尔的著作中，在德里达与这两个人的交锋中，这一形而上学受到了批判和质疑。这些行为——批判与质疑——是交替进行的，德里达要求我们在两者之间保持平衡〔尽管所有很常规的流行说法称他是想"一劳永逸"地终结哲学的主题（斯特拉森，第 61 页）〕。

第四章从现代英美哲学抵制主导框架和主导理论——它们被再次等同于"形而上学"——的角度讨论了德里达与这种哲学的关系，这一抵制在所谓的"逻辑实证主义"和"日常语言"哲学运动中最为著名，甚至可以说是灾难性的，在形形色色的实用主义中则以略为不同的方式存在着。

在简短的最后一章，我试图说明为什么综合或折中和或者 /或者（either/or）这两种被夸大的价值（这是西方古典形而上学主要的逻辑前提）都不是我们在欣赏德里达与哲学的交锋时所应当求助的东西。

最后，在书的末尾附有一个术语表，读者可参照这些简短的条目理解在德里达的著作中出现的那些术语的特殊含义。在阅读这些"定义"时——它们贯穿于全书之中——读者能发现从一个术语到另一个术语的意义循环，即各种各样的术语相互间似乎是可对译的同义词。这反映了这样一个事实，即德里达力图避免使用单一的一个分析性的术语，免得使自己的思路被具体化。

在德里达的著作中常常有这样一种情况：某段行文不仅直接意指着当下的主题和所使用的文字最直接或最一般的指涉物，而且暗示着其他更间接的形象化的和声音化的意义。例如，当"替代"或"替罪羊"这样的主题词出现时（而且它们从不会风马牛不相及），人们常常会听到一些基调的回声，它们让人想起亚伯拉罕和以撒的故事，或是基督教神学的主调。[参见——又如——尤金·万斯对德里达的著作中存在的奥古斯丁神学的回声的评论和德里达在"关于自传的圆桌会议"中（《他者的耳朵》，第80—84页）的回应；还有布吕克·艾利斯·本森的书评"上帝的踪迹：雅克·德里达的信仰"，见《书与文化》，（2000年9/10月号）第42—45页。]阅读过本书大部分手稿的一位同事曾敦促我把德里达著作中的这些宗教的方面和他的某些倾向主题化，这样能更明显地显示出一个理论框架。

在一个给定的理论框架内重述德里达应当是有诱惑力的，尽管如此，我还是反对对这些主题和倾向做过分明确（或者说过分单一）的界定，因为这也是德里达所反对的。我相信，这样做会歪曲德里达的文本的文本性。单一地强调某一个方面会模糊其他同等相关的方面；而说明得太多又需要更多的篇幅，这是本书所不允许的。正是德里达对正典性阐释（为了与一套先行决定的信念保持一致）的抵制，使得他对西方哲学以及后来更频繁提及的神圣文本的阅读和质询更为生动活泼。然而我要说明的是，德里达主要地通过指涉某些希伯莱与基督教文本而采取的吸收策略。

德里达所激发和介入的那些对话总是以一种悬而未决和承诺重新开放结束。对于某些读者而言，这是极其令人沮丧的。对于另一些人而言，这可能是虚伪的。但显然它是具有挑战性的，这首先是因为人们已经获得的许多解决常常是通过传统的继承，它们已经受到了挑战，而人们并不完全知道那受到挑战和质疑的东西是什么。与实际阅读德里达相比，描述甚或丑化他要容易得多，关键的是要记住对确定性的动摇与对它的创造在哲学中是同等重要的。

接下来的各个章节反映了对德里达的一种阅读和重读，（令我）吃惊的是，到写作这本书几乎 25 年的时间里，他大概以一年一本主要著作的速度写作着，且涉及面极其广泛。在此不可能提及所有这些作品，但有一篇作品——《论文字学》——

是需要提及的。（对于这部著作简洁明快的评述，读者可参见克里斯托夫·约翰逊的《德里达：书写的场景》。）在阅读德里达的过程中，我既没有盯住他的未完成的计划的总体性不放，但也没有完全置之不理。我没有理由这么做，如同我没有理由赞同其他许多作者和哲学家的总体性一样。你也不必这样做。德里达挑战的正是这样一种观点，即认为人们应该像一个特殊的、有权威的理性或编程命令一样进行思考和阅读。这不是为了鼓励一种无政府主义或虚无主义的思考，尽管你可以那样做——只要你愿意；这是为了使人们不要仓促地固定于某一种思维模式，既想解决问题（在哲学家个人或学派的层面上说），又想保持开放（在集体的和文本的层面上说），这一直是哲学的一个自相矛盾的设想。哲学话语在经历了 2500 年的历程之后，有的人不耐烦地想要终结它，有的人还想在已经确立的东西上面发现真理和真理的基础。确实，有一些东西我们认为是真理。但德里达可能会即刻用约翰·弥尔顿的话提出反论：“自那时以来，真理的那些令人悲伤的朋友居然敢这样，他们模仿生殖女神埃西对冥神奥塞里斯血肉模糊的尸体的认真研究，忙上忙下把肢体拼接在一起，好像这样就能找到它们。我们根本找不到它们，天呐，将来也不可能找到它们，除非它的主人重生：他将把它们一块一块地组合在一起，使它们融合为一个不朽的美妙的完满之物”。（“雅典法官”，《弥尔顿诗集》，第 235 页）在我看来德里达根本就不赞成这样一种历史的非哲学的前提，即"真理确实会和其神圣的主人一起再次降临"（第234页），但他又到处暗示着对真理自身的证据的关联的承诺，暗示着对不可摆脱的西方思维传统的欲望。对于德里达的问题的真实性，不同的读者自有不同的判断。我希望本书对这些问题的阐述能对作为读者的你作出自己的评价有所帮助。

1

On Derrida ———————— 德里达：第一次
交锋

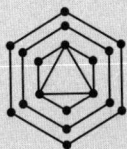

O "我不相信有任何知觉存在"——雅克·德里达："结构、符号与游戏：讨论"，《结构主义论争》（第272页）

开局的花招

1966年秋，雅克·德里达作为一群欧洲学者——其中有哲学家、文学批评家、人类学家、精神分析学家等——中的一员应邀出席了约翰·霍普金斯大学组织的一次以他们为核心成员的学术讨论会。讨论会的主题是"批评的语言与人的科学"，这个题目好像是在法国拟定的，正如那本著名的论文集所说的（麦卡锡和多纳托：《结构主义论争》"第一版前言"）。所讨论的主题是"结构"以及"结构主义"或"结构主义者"的方法论，这一方法论在克劳德·列维-斯特劳斯的人种学和更早的费尔南德·德·索绪尔的语言学中已有明确的说明。这种结构主义已经取代战后的存在主义与现象学，而成为欧洲哲学——尤其集中在法国——的一股主导潮流，成为"人文科学"用以组织经验研究的材料的主导方法论。但是，对于这些学者而言，它也成为他们迅速放弃自身原有立场的一个背景。这些学者后来被称之为"后结构主义者"，德里达就是其中最为著名的一位（还有精神分析学家雅克·拉康和符号学家罗兰·巴尔特），他出现的时刻仿佛带有结构主义/后结构主义的双重标记，这一关键的转折的标志就是最后以英文形式出版的会议论文汇编《结构主义论争》。

德里达当时在美国还不为人知，他的演讲——"人文科学话语中的结构、符号与游戏"（《结构主义论争》，第 247—272 页）——简洁明了，堪称典范（这与他后来的那些幽隐曲折的写作形成鲜明对比）。回想起来，这篇演讲的目标似乎是要揭示一种与"结构"概念相关的立场——正如有人认为的，它其实是德里达的"立场"的直接揭示——他假定任何哲学家当时都会卷入、阐述和重新界定这一立场。在演讲的结尾，德里达以一段著名的陈述同大多数与会者交换意见：

○   知觉恰恰是一个概念，一个直观的概念或给定的概念，它源自于事物本身，其意义自我呈现，它独立于语言、独立于指涉系统。而我相信知觉与源头、中心的概念是相互依赖的，因而凡是能摧毁我所说的形而上学的东西，必定也能摧毁知觉的核心。我不相信有任何知觉存在。（"人文科学话语中的结构、符号与游戏"，《结构主义论争》，第 272 页）

这一论断可能会令大多数普通读者感到不安，甚至也会令大多数接受过西方哲学教育的读者感到惶恐。我们一般都相信知觉的存在，不论是不是哲学家。在西方哲学史中出现过许多观点，不仅认为知觉是认识论的基石（这对于现代和早期现代哲学是至为关键的），而且也承认它是形而上学的基石。因为西方形而上学常常坚持这样一种观点，即认为"存在就是被感知"（如贝克莱的唯心主义）或感知即存在（如笛卡尔的唯理论，它确然地论证说"我思故我在"，在这里，"我思"被认为是"存在"的，因为它能感知某物，即便是它自己难以置信的东西）。进而，我们所有的人都有一个共同的感觉，即我们的"存在"在一定意义上说是被决定的，或者至少是由我们的被一个他者所确认——也就是被感知——的存在决定的。这一观点至少与欧洲存在主义主导的时期是同时的——那时，德里达刚刚介入哲学——并在雅克·拉康的精神分析学中得到了修正（参见拉康的论文"结构作为一种内置……"，见《结构主义论争》，第 186—200 页）。

在我们一开始的遭遇中（尤其是，例如说，在同贝克莱哲学、笛卡尔哲学或萨特哲学的遭遇中），哲学提给我们的那些问题的一种典型回答就令我们感到困惑，甚至让我们感觉到了一种知识的眩晕。还有比这更严重的。如果你放弃知觉，你不就是放弃自身吗——我如何认识自身，在世界中找到自身，找到进入世界的道路，还有我的确定性和我的言说能力？或者说，我该回到哪里找到自己的位置？在有人看来，信誓旦旦地说不存在任何的知觉，这难道不是一种自相矛盾么？人如何能够无知觉地"认识到"这一点？或者这只是一个文字游戏，其所说的是不同的某个东西，或者它只是一个花招？如同在游戏的开局，使我们不加提防、精力不集中，同时又通过常规的步骤把我们带回到这样的地方，在那里，常规的故事——科学的、自我认识的、命题的真理—价值的，以及所有类似东西的——将以稍微更加确定的方式被重述，但不过是一种重述？

断言"是"或"不是"，其实就是要在我们甚至已经认识到那一论断的含义之前，把那被置入游戏（"en jeu"）——德里达所喜欢的一个隐喻，他一再说他是一个狂热的球迷——之中的东西或是这一立场中至为关键的东西排除出去。或许，那也是为了强调德里达本人的独特性，德里达所关心的是力图说服他的读者相信他在谈论他们已经卷入其中的某种东西，不论他们是否意识到。

开　场

　　我们不妨把约翰·霍普金斯大学的演讲看作是德里达英美生涯的开场，这一开局揭示了许多东西，它在他后来的一系列行为中也是至关重要的。（但是我们也要提请注意，这一戏剧的隐喻可能比后来的东西预设了更多的封闭。）

　　首先要说明一下它的背景：在"人文科学话语"一文中，"结构"明显是作为一个方法论的概念使用的，其目的是比较内容上可变的现象与内容上并不直接自明的形式上的范畴。例如，所存在的不同语言在结构上是相似的，这在某一方面使得我们可以更有效地研究它们（或是分析，或是基于说读学习的目的），例如索绪尔的语言学。同样，各个不同文化的神话也具有相似的不变结构或结构特征，例如列维-斯特劳斯以来的文化人类学的研究所表明的。还有，在现象领域的运作或目的层面，相互之间也存在结构的相似，例如生成句（句法）的结构模式与根据或以某种文类（叙述方式）讲述故事的结构原则之间，如在各种各样的符号学分析图式中所看到的。人们完全可能还会在"结构"的基础上对各种不同的组织进行比较，如社会交换、经济活动、建筑、自然客体，等等。甚至包括哲学。这些图式在20世纪后期的哲学、社会科学和文学研究中已得到广泛的探究。

　　如此说来，结构概念似乎解除了思想家对某一特殊语言、某一方法论或文化的确信，因为与主导的或图式化的情形相反的所有其他结构也可因此得到界定和评价。

但是，直接把结构概念运用于人们遇到的任何现象或存在，就会产生这样的疑问：结构是这样的一种隐喻或构成视角的手段吗？就像一个工具，合乎目的就利用它，不用的时候就搁置一旁？结构内在于现象或言说者、"感知者"、思想者的精神之中吗？如果是这样的话，那结构作为一种理想性或无时间的本质与被结构物是相分离的吗？它们是作为形式的原因、必要的条件、偶然的相似性等而存在的吗？语言之间的结构相似性是言说语言的有机体的"硬书写"的参照吗？结构的语言是观念、认知或现实的元语言吗？同时，我们还会卷入形而上学的问题。我们会——有人可能会说——卷入一种退守，尝试在那所思所想的图式内部重新结构被给定物，并因此去重复西方哲学的历史努力。

德里达在"结构、符号与游戏"一文中对结构概念的研究最初是想在一般性的最高层面上思考它，即考察"结构的结构性"（第247页）。这就是说，对于给定的"结构"概念，他提出的问题是：依照什么断定它是"结构"，而不是别的东西；在运用过程中对于这一概念而言不变的东西是什么。他回答说，那就是"尽管它一直（在现象的游戏中——引者注）运作着，但（它）常常是被简约的，并是通过赋予它一个中心或给它指涉一个在场点、一个固定的源头这样的过程来完成这种简约"

（第 247 页）。"结构"可能暗示着一种组织化，在那里，附属的要素相对于其他固定的要素而言是可变的。例如一个圆圈，尽管这并非他在这个地方引证的例子，是由与"中心"等距离的各个"点"组成的，在此等距离和中心的条件是不变的；或者一个核心家庭（他同样没有举这类解释性的或教训性的例子）要包括孩子和在场或不在场的父母亲，但从理论上说，这些要素必须有一个中心（父母与子女之间的差异 / 相同以及乱伦禁忌的中心不在场），否则我们所说的核心家庭就不是一个结构。"结构的组织原则"不是严格地固定的（否则我们就没有可应用的范围来与那一概念建立联系），但它却"限制着我们可称作结构的自由嬉戏的东西"（"结构、符号与游戏"，第 247—248 页）。在德里达的许多文本中可以辨认出一种运动———一种与他在"署名"概念中分析的署名活动具有同样性质的运动———在这一运动中，结构既能启动又能取消这种"自由嬉戏"。一种"本身缺乏任何中心的结构乃是不可思议的"，然而：

这种中心也关闭了由它所开启并使之成为可能的自由嬉戏。所谓中心，就是这样的一个点，在那里内容、组成部分或子项的替换不再有可能。（"结构、符号与游戏"，第 248 页）

一个结构不同于纯粹的资料累积或集合，它需要一个中心，同时这个中心还不能隶属于结构本身，它必须是既在结构之外又在结构之内（结构组织它，直到从理论上说替代和控制它，同时又一直与它保持联系和一种张力关系）——是"起源"或"终极"，"元力"（arche）或"终极目的"（telos）（第248页）——是它们决定着那不确定的东西。结构概念仅仅存在于这个矛盾中，却以各种方式表现出来，它把"中心"设定为这样一个东西，即它决定着各个可变的要素，而其自身本质上是处于"游戏之外"。

我们觉得读者或听众肯定想要我们提供通常所谓与那真正处于游戏中的概念"类似的"例子或例证。例如，亚里士多德的这一观点（尽管出于说明的目的做了简化），即组织运动需要一个第一运动去打破那不动的和不能围绕这个第一运动进行组织的平衡。又如第一个单词，它不只是一个单词，而是繁殖语词的原初的、强有力的中心。德里达说，"这个中心连续地接纳不同的形式或名称"，但"它的母体……就是作为在场的存在这个词所有意义上的那种规定性"（第249页）。换句话说，结构概念的各种重复形式——其运作不需要对结构概念作彻底的思考——唤起了对"焦虑"的控制，而这种焦虑"总是某一被卷入游戏、被游戏捕捉的模式不变的结果"（第248页）。还有一个词也是表示对这一焦虑／欲望的控制，这就是"确定性"，它（在此是以隐含的方式而没有明说）是古典哲学的研究对象的一个名称。确实，不论是作为主体还是作为客体，都可以对那可变的因此不确定的东西置身事外。对于那可变之物的起源和目的，至少可以想象，也许还能给出一个解释。

　　[我们不应该认为德里达是在提倡对诸如"确定性"或"知觉"这类词语的日常用法进行分析。提醒这一点是重要的，并且有几个理由。首先，这一认识会使他的言说成为一种实证的形而上学，而实际上他并不是这样：他并不想修正你或我为了与现实的另一种图式或计算方法保持一致或为其提供基础而通常言述我们的经验的方式（例如"我肯定我刚才看见桌子上的小刀了"）。其次，这样一种假定会使我们误解德里达对哲学研究方式的质疑（不是他的反驳），这一研究方式企图超越语言或通过语言去获得哲学的确定性或通过日常语言分析获得"知觉"：相反，他的目的是想揭示哲学话语并非通常所显示的那样，而更像是或更多的是与松散的和异质的日常话语联系在一起的（因此他对詹姆斯·乔伊斯的作品有一种亲缘感，而对以概念分析为基础的某些英美哲学家的作品则明显带有敌意）。]

　　至此，德里达的解释与其说是一种逻辑论证或理论说明（"因为 x，所以……"），不如说更像是一个故事（"先有这个发生，接着又发生了……"），其实它就是一个故事（且不说此处对逻辑论证的形式与叙事的形式之间的交叉关系的说明）。为了不受其迷惑，强调一下下面这段行文的叙事性是重要的。逻辑在德里达的解释中属于被质疑的对象（不要把这误解为是说德里达缺乏良好的逻辑能力），因为逻辑也[至少是亚里士多德的或者 / 或者（either/or）这一排中律逻辑]介入了他所质疑的形而上学。接着，他继续以上面的方式说了一段话，在此需要长篇引述：

我称做断裂的这种事件（在开篇的第一段，就开始在讲述发生于结构概念身上的故事——引者注）……恐怕也会在开始思考结构的结构性的时候，也就是说在结构的结构性被重复的那个时刻发生，而这也正是我之所以称这种裂变就是重复——在这个词的所有意义上——的理由。接下来，有必要思考一下在结构的构成中主宰着对中心的欲望的那种法则，以及为这一中心在场的法则指示出它的替代物和置换物的那一指谓过程——但这个中心在场从来就不是它自身，它总是先行地从其自身转移到它的替代物中去了。而这种替代物并不替代任何可以说先于它存在的东西（斜体为我所加——引者注）。这样一来，人们可能必须开始思考下述问题：即中心并不存在，中心也不能以在场存在的形式被思考，中心没有自然的场所，中心并非一个固定的地点而是一种功能、一种非场所，在那里，无数的符号替换在游戏着。这正是语言进犯普遍问题场域的时刻，是在中心或始源的缺席中一切都变成了话语的时刻……（"结构、符号与游戏"，第 249 页）

如果说这声音听起来有点像是神话的—诗学的或宗教的，那也无妨——这不是说柏拉图或黑格尔或这两者之间的许多哲学家没有发出过类似的声音。它有赖于某种更进一步的阅读以断定其与神话或叙事的相关性。但是在此我们指的是存在于那斜体句中的这一故事的关节点，在那里，动词的语态从进行的转向了暗示的："而这种替代物并不替代任何可以说是先于它存在的东西"。人们可能会反对说，这在语义上与那一理由不合，即根据定义，"替代物"，确切地说在字面上必定是对一个源始的真正在场——一个物或一个关系本身——的替代。也就是说，除非人们已经提问它在字面上究竟意味着什么。持有如此异议的人的唯一负担就是必须确信他或她也与他或她自己的陈述不合。但这是什么意思？这意味着"我不相信有任何知觉存在"这样的东西吗？（是的。）

有关替代物的这一陈述并不是在这个词的日常意义上意味着没有任何东西先于语言或结构概念存在（在自然的意义上），而是意味着——如果人们把"替代物"理解为语言或结构的象征性中介——这一语言或结构或中心与法则——亦即符号系统——并不是先于它存在的某个（未决定的）知觉的替代。"存在"概念本身就来自于语言指谓活动的可能性，因此存在概念也依赖于语言的创造和介入。不论怎样，"替代物"都不能被转译为独立于我们或直接通向我们的某个东西的另一种形式；因此我们缺少的是通过与那个存在相比较来证明替代物的优先权。它是一种新的东西（因此可以用"断裂"这个词）。作为"替代物"，它意味着它是对另一先行存在的实体的替代但又与前者不是一回事。因此是知觉的否定。

（读者可能会失去耐心。使有关世界的陈述显得清楚明白——至少尽量如此——不正是哲学的目的吗？在此我们与下面这一点是同一的，即我们显然不能与世界上的东西保持一致——甚至"语言"也不能完全表达它——"替代物"。它究竟是什么？）

"话语"和"结构"是通过与非话语或非结构的东西不相一致获得界定的，但是由于它们是从否定的方面获得界定的（你看见过"话语"或"结构"吗？），因此它们是不纯粹的。就其通常是针对那对立的两项中的一项而言，如"物质"甚或"非结构"，"结构"是不纯粹的，因为对它的思考不能没有某个假定，如它存在着是基于一个他者、一个非其自身的存在做背景，而且它还在它的重复中包含有他者的踪迹。如果说列维-斯特劳斯对"结构"概念的运用是想让我们能够摆脱某种种族中心论（例如根据我们自己的神话蜕变过程对其他种族的神话进行解释），那么它也会使我们返回到种族中心，因为它恰恰是一种历史地衍生的话语的产物："不论他是不是愿意……甚至在他忙于否定种族中心的那一时刻，这位人种学家同时也在把种族中心主义的前提纳入他自己的话语中"，而且"这一必然性是不可还原的；它不是历史的偶然"（第 252 页）。（"结构"

几乎不可避免地要公开把自然科学家、工程师或技术专家当作其分析背后的一个形象因素加以引入。）简言之，没有人能证明"结构"不是阐述手头或心里的某些观念和形象的产物，而只是话语的其他因素。事实上，其自身与在一个给定的文化和历史时刻的解释的目标与目的是完全一致的。

然而，这不是说在思考中就没有可能的质的差异，因而某人不必对自己的思考负责：

（因为）如果谁也不能逃脱这种必然性，如果没有人应该对屈服于这一必然性承担责任——哪怕只是一点点，这并不意味着所有的屈服方式都是同等地合理的。话语的性质与丰富性也许可以由批评的严密性来衡定，这种严密性是用来思考与形而上学的历史和所继承的概念之间的关系的。（第252页）

（在此，"严密性"——在德里达自己的话语中，这是一个核心的概念——类似于其他人所说的"清晰性"吗？）不可避免地，我们当中没有人能摆脱先天论断的传统，这种论断可能最接近于德里达常常引证的普遍的真理，因此我们每一个人都必然地要对形成我们与它的关系承担责任。（接下来的第二章首先就要讨论德里达自己与这一传统的关系。）

对于机智善变的德里达而言，他通过一个转换转向列维－斯特劳斯本人的文本是为了说明一个试图把我们带出历史与差异之游戏的概念的发展——通过证明实际的神话总是对应于一种抽象的模式或理论图式——是如何又把我们带回到历史与差异中的。一方面，"在列维－斯特劳斯的工作中……对于结构性、结构的内在源始性的关注，造成了对时间与历史的中立化。"另一方面，"人们可以……描述对于结构性组织而言特殊的东西，只是在这一描述的时刻，不要考虑它在过去的情形：不要对从一种结构向另一种结构的过渡提问，而是要把历史置于括弧之中"（第263页）。这种研究的一个结果在种族中心方面就是把非时间性和被动性的品质（还有存在与在场的充实性）投射到另一个"原始"文化中，这是具有自我意识的西方人典型的非西方文化观。另一个结果就是观察者的这一状态的丧失的内在化，即在"这种与直接性中断了的结构主义主题"中，作为"游戏的思考那悲伤、否定、怀乡、内疚、卢梭式的一面，其另一面……则是尼采式的肯定"（第264页）——这也暗含着德里达式的一面。

这篇演讲的结语部分把我们带到了这样一个地方，在那里，我们可以看到德里达与他所诉求的哲学传统之间若即若离的关系。在此我们可以做出一个暂时性的概括，以便在后面回到它们的时候有一个参照点。首先，德里达提出了一个我们可称做"两难"的东西：

因而存在着两种对解释、结构、符号与游戏的解释。一种追求破译，梦想破译某种逃脱了游戏和符号秩序的真理或源头，它就像一个流放者一样靠解释的必要性生存。另一种则不再转向源头，它肯定游戏并试图超越人与人文主义、超越那个叫作人的存在，而这个存在在整个形而上学或本体神学的历史中——换句话说，在整个所有他的历史的历史中——梦想着圆满在场，梦想着令人安心的基础，梦想着游戏的源头和终极。（第264—265页）

其次，习惯上，传统的哲学家总是寻求解决或缓和这一对立，把一极归约到另一极之中，有时可能是通过指涉某个第三项，或某个环境、位置或语境，来控制和缓和这种对立，这样就出现了统一。古典哲学总力图把矛盾或多样性归约为一个统一体。例如在黑格尔的辩证法中（这里只是一个极其简化的归纳），人类知识的进步总是从某个有限但却有生产能力的方面向着某个更为深入的方向步步超越［这一运动在德语中被称作"Aufhebung"（外化），在法语中被称作"releve"（提升）］。①德里达不是在二者之中择其一，也没有提出一个超越和否定或融合两者的第三者，而是采取了另外一种立场：

在我看来，尽管这两种解释必须承认和强调它们之间的差异并界定它们的不可还原性，我本人却并不认为如今非作选择不可。首先是因为我们现正处在一个区域中——让我们暂时说它是一个历史性的区域——在那里选择的范畴看起来特别无足轻重。其次是因为必须首先尝试去思考这种不可还原的差异的共同基础及其异延。（第 265 页）

这一"共同基础"与"异延"的"问题"在此还无法阐述，事实上也不能在西方哲学史的传统范畴和范围内思考之，因为"一种可称为历史的问题类型"，只能"在那种非种属的种属之下，在畸形的那种事实上无形、无声且可怖的形式之下"（第265 页）思考之（德里达还提到了一系列生孩子的隐喻）。最终他把这种持久的明显矛盾看作是"两难"，并诉求于这样一种传统，它从决定的必然性出发，在通过一种逻辑的（可编程的）必然性作出决定的时刻同时又否定了选择的可能性。决定是面对着矛盾做出的，决定是矛盾的具体化。

［旁　白］

［上面出现在括号中的某些段落和句子表明它们的功能就

像是戏剧的旁白，在那里，有一个角色在评论剧情的行为。现在的这一十分正式的、明确的旁白是为了评论前面的讨论。读者在这一点上可能会期待有一个更为确定的、传统意义上的意义陈述来让自己松一口气——这恰巧是德里达费尽心机想要防止的。因而，就连把"结构、符号与游戏"这篇简短的讲演或论文加以归纳的尝试也可能是一种令人气馁的或一种令人鼓舞的经验，它有赖于人们对德里达的写作的某些特征的承受力。下面两种特征是明显的和值得注意的。

语言学的特征：西方哲学的一个明显的欲望就是想削弱词语运用中意义的扩散——减少话语隐喻性或模糊性的程度——而德里达的话语实践的一个特征就是想在其写作的词法领域吸收多样的意义，而不是把它们归约到某一个共同的意义中。例如，当德里达讨论其著名的"异延"概念时，总是会注意到弗洛伊德的"Nachtraglichkeit"（怀恨，《超越快乐原则》，第5章）——因为它们之间有着功能和结构的相似性——而不必赞同弗洛伊德在字面上所指涉的神经—心理学的或生物学的过程的意义。德里达不是要抵制意义的所有"积淀"，而是策略地和有选择地反对这样一种积淀。西方形而上学的理想是想找到一种透明的语言，以便读者能透过语言理解那毋庸置疑的概念、观念或事物（"摆脱了自由嬉戏和符号秩序的真理与源头"），而德里达不愿让他的语言停留于这种表面的透明性。这一抵制在他的文本中常常或是由德里达本人，或是——对于英美读者而言——由文本译者标识出来，但也不总是如此。其著作的语言学层面常常是复杂的——例如，没有读过胡塞尔或德里达论胡塞尔的作品的人，就难以领会到"积淀"一词是把先验现象学的传统引入到了德里达的文本中。尤其是，他的语言游戏时常会给人以有意制造明确的对立的印象。在某些读者看来，他显然是在重复19世纪语文学的习惯，即试图通过追溯到源头来发现词语的"源始"意义，而实际上德里达是想提示话语、语言和观念的历史性——是想确切地证明这些东西并不是非时间的，而是历史的创造，如同它们以明显的非时间性（因为它们是结构地决定的）提示我们创造的时刻一样，它们显然也可以诉求于先验的观念或"理想性"。[②]

修辞学的或逻辑的特征： 西方哲学的另一个特征就是把表达的修辞形式看作仅仅是逻辑形式的一层外壳或外衣，并认定修辞形式与逻辑形式的假设是相一致的。在德里达看来——他对逻辑学的看法和别人一样——西方逻辑定理（矛盾律和同一律）的优先权只是一种控制策略，通过它，通过指涉"一个在场点，一个固定的源头"（第247页）或一个"处于游戏之外的圆满在场"（第248页），"就可以控制（被卷入游戏的）焦虑"（第248页）。问题不在于逻辑在形式上的连贯性，而在于对话语中一个统一的在场点或源头的指涉的假设，在德里达看来（正如他在"白色神话：哲学文本中的隐喻"一文中力图证明的），这正是修辞/

逻辑、隐喻意义/字面意义的对立所产生的问题所在，它在西方形而上学中是为了逻辑和字面的方面而武断地确定的。对于西方哲学而言，"或者/或者"（either/or）或"既/又"（both/and）形式的命题要优先于"既不/也不"（neither/nor）或"非此亦非彼"形式的命题。（这几乎等于是说它是一种在场的形而上学。）"结构、符号与游戏"一文的结语正好就对这种修辞/逻辑的排列做了一个颠倒，因为"畸形"恰好就属于一种"既不/也不"的形式，它是对存在的已被接受的范畴的公然挑战。（见《论文字学》对这一转义的运用，第5页。）历史上，"畸形的"婴儿或"畸形的"观念就是指"不男不女"或"非驴非马"——就是说，它是一种没有指涉范畴的东西，一种违背逻辑的东西，但它又是"在场本身"。高估"或者/或者"或"既/又"这种逻辑形式的错误就在于，人们只能思考在认为已经存在的东西的范畴之下或之内出现的某个东西，以指涉有关在场/缺席、存在/非存在的一套已经确定的规定性。因而，针对某些语法—逻辑形式（如或者/或者）的前决定或前倾向被德里达确认为是某种称作"本体神学"的东西，他甚至认为这一短语是多余的，因为它已经断定"上帝"（"神"）是一种"存在"（"本体"）——德里达所要挑战的恰好就是这种论断，不论他是不是一个无神论者。他认为这一论断只是一个假定的概念性限制，它甚至无法包容西方传统不得不以沉思的形式讨论的上帝的主题的全部。③]

剧 终 一

德里达不是以断定差异的统一性——把分离的、指涉某一
"在场点"的观念和现象缝合或扭结在一起——来结束"结构、
符号与游戏"全文，也没有走向概念的封闭，而是采取了一种
无论如何都要抵制封闭和范畴化的姿态。就是说，他在结尾向
"知觉"提出了挑战。和在别处一样，在此，他拒绝我们赋予
知觉的封闭，如我们把知觉看作一种行为，认为它与过去、未
来和在一个纯粹在场的时刻并不在场的东西遥远的地平线是相
分离的。看起来他是在说"我不相信有任何知觉存在"，而实
际上他是说不存在任何（纯粹的）当下或任何（纯粹的）在场。
确实，这就是他所要说的。（但是那究竟是什么意思？）不是
因为在某一形而上学的方面，在由那些要素决定的诸统一体之
间存在着一种柏格森式的绵延，而是因为话语或语言（指谓系
统）是使我们能够标识时间的东西，而时间的标识：（1）总是
被延搁，从未与非语言学的经验集中于中心（思考一下孤独者
的时间体验，那究竟是什么？）；（2）总是在话语中由口头的替
换物标识出来，这些替换物对再语境化始终保持开放。语言本
身——它连接着差异的时刻，它是可能不存在的东西（它所指
向的现象）的"替代物"——总是随它所命名的时刻的不同产
生差异。它不可能达到某一结论（一个非语言学的在场点或知
觉）。西方哲学力图做的就是想通过语言获得一个结论。但是

结论是无法获得的。生命仍在延续。不过生命不会没有期待地延续。

注释：

① 见德里达《哲学的边缘》一书的英译者在说明"异延"一词时对这些术语的解释。

② 可以说美国的某些被称作"解构主义者"的文学批评家就陷入了德里达所没有陷入的这种语文学习惯。

③ 对德里达的修辞与语言学倾向的最新分析，可参见马丁·霍布森的《雅克·德里达：打开界限》和杰弗瑞·本尼顿在《阻击德里达》中的"句法的观念"（第180—196页）。

2

On Derrida —————— **德里达的履历**

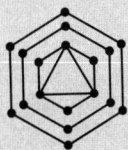

○ "那可安然地称作语言的东西……"——雅克·德里达:《单语的他者》(第17页)

背 景 故 事

经典的好莱坞电影常常会使用一种可称作浪漫叙事的技术,在那里,一个主观的"画外音"把我们带进一个从视角上看"客观的"冲突场景,这一冲突的缘起和发生是我们所不知晓的,因此不能充分地得到解释。人物之间的关系以及他们之间冲突的本质,还有他们与主角的关系,都是一个谜,直到源自过去的某个"谜团"被揭开,人物的本质以及他们之间的关系才得以大白于天下。如《公民凯恩》《米尔德·皮尔斯》《玛丽》这类影片都是这种叙事特别优秀的范例,其中每部影片的叙事都是基于一个生活故事。不过,这种叙事形式也许可以追溯到索福克勒斯的《俄狄浦斯王》。

这类故事的形式有赖于一个在场的主题，并能使之活跃起来。我们可能也有自己的生活，我们必然地认为某些过去的片断能使生活变得完整（不论是好是坏），使它有一个结局——尽管……一个通过揭示某人的生活"片断"而把所有其他片断连为一个整体的叙事总带有西方形而上学的"逻各斯中心主义"的特点——就像一个依赖于某个中心的结构，这个中心既是又不是结构的一部分，既超越于结构的真实性之外，又是这一真实性的基础。以拉康的观点看——不论是弗洛伊德还是德里达对弗洛伊德的吸收都是解构意义上的远离中心（"异延"与 Nachtraglicheit）——这种完成就是死亡，它既被欲望得太多，但也没有被欲望。在讲述生平的许多形式中，这种揭示一个中心和一个结构的形式在我们的文化中有着巨大的意识形态力量。

德里达为以故事的形式讲述他自己的生平设置了特殊的困难，其中有一些是他对任何格式化的抵制，因为这会使生平讲述就像是一次注册登记，其中过去的片断被补充成为一个整体。实际上，在讲述自己的故事时他正确地说过：

> 在其一般的意义上说，自传的回忆（未忘记的东西——引者注）总要先行假定一种身份认同。可根本就不存在什么身份。不，身份从来不是给定的、被接受的或获得的；只有身份认同无终止的和不确定的幻想过程是永存的。（《单语的他者》，第 28 页）

这段话必定会令美国读者感到十分困惑，因为在他们看来，"身份"这个术语是极其普通的一个词，并不具有比"身份认同"更真实的自我指涉方面（就其时间性和时态甚至反讽的含义而言）。德里达——在此他是严密的——指出，在记忆或回忆中，我们认同于一个不同的和被延宕的自我形象，一个逃脱了最终规定性作为有关我们的一个真实存在的幻影（参见拉康："结构作为一种内置……"，第194页）。如果我阅读一下德里达后来明显具有宗教倾向的论著，在他否认有可能获得"身份"的这种整一性的同时，他也否定了消耗或超越这一整一性欲望的可能（那欲望乃是身份认同过程的动力）。在某种意义上说，这就是他讲述生平的方式。你可能也注意到这一方式重复了第一章所讲的"既不／也不"的公式或两难，因为它可能既不是为满足愿望，也不是为摆脱愿望。在一个不完整的故事中，各要素与其说是决定性的，不如说是被完成的。它们是具有某一意义的部分和方面，这一意义或多或少是出于偶然，但它们无法自己提供意义，我们也无法获得一种身份。再一次，"我们无法获得"可能是德里达式的座右铭或口头禅。在任何本质上开放的故事中，根本不存在一个总体上决定的因素（没有绝对的中心），故事元素的意义和重要性将随着新的元素的增加而发生改变，这不仅包括事件的加入，而且包括角度和观点的加入；但它们也不会因为对这种修正保持开放而失去所有的意义和重要性。

德里达已经以几种格式尝试了自传式写作，并常常是以一种幻想的形式做互文性的写作，例如在杰弗瑞·本尼顿和雅克·德里达的《雅克·德里达》中穿插的互文文本，或在《单语的他者》《起源的修复术》《明信片》以及《丧钟》中卢梭式的论文写作形式。（还有他在"有关自传的圆桌会议"中同罗多斐·迦斯彻等人的讨论，收录于《他者的耳朵》，第39—89页。）这些文本提供了许多建议和观点，读者可以按照更直接的编年顺序加以研究，如杰弗瑞·本尼顿提供的"履历"（《雅克·德里达》，第325—336页）。我为考察德里达哲学提供的这一简短的传记背景是为了提供一个宽泛的框架，把德里达置于一个历史的时刻，同时也是为了说明一些有关于他的身份认同的陈述，而在传记如何或为什么对于一个哲学家至关重要这个问题上只采取"旁白"的形式。在一定意义上说，德里达的传记乃是对解构和文本性的某种说明，正如我们将要看到的。

简　　历

德里达是一位"法国哲学家"（《剑桥哲学辞典》），他1930年出生于阿尔及利亚埃尔比亚的一个被同化的西班牙犹太人家庭。前面那句毫无修饰的句子和后面进一步描述其家庭情况的句子只有一些文本的或身份证明的效果，而它们又有赖

于其他的文本和身份证明。没有文本性，没有语言，就不会有
"法国"或"法兰西"，不会有西班牙犹太人，不会有犹太人，
不会有阿尔及利亚，也就不会有雅克·德里达："没有一个单
一的所指能够逃脱——即使能被重新俘获——构成语言的能指
涉的游戏"（《论文字学》，第 7 页）；"名称，尤其是所谓的专名，
总是摆脱不了差异系统的链条"（《论文字学》，第 89 页）。说
得尽可能明白一些，这丝毫也不意味着德里达的那些诽谤者时
常坚持的那些看法。这也不意味着所谓的法兰西没有实在的或
法律的地域，因为"法兰西"是陈述的一个实际效果，这些陈
述在被表述的时候又会产生进一步的效果；但是这每一个效果
都是中介性的，并且在我们看来都是通过文本的中介假定了一
个指谓系统。否则，就没有什么东西能把"法兰西"和任何规
定性或意义效果联系在一起。不过，也不会有任何东西能形而
上地脱离这些文本联系来指认法兰西的存在，不会有理想（尽
管人们可能会凭感觉或幻想想象它的存在），不会有中心，也
不会有边界线。"法国"的情形也是如此。尽管德里达持有一
种游戏的写作观，尽管他的法语比其他语言说得更为纯正（《单
语的他者》，第 46—47 页），但他知道根本不存在纯粹的法国
语言这样一种先验的客体，在法语与非法语之间——还有"语
言"的文学形式与通俗形式或一种语言与另一种语言之间——
也不存在绝对的界线。

　　〔旁白：那本辞典说德里达是一个"法国哲学家"，这可能

只是意味着一个具有法国民族性或地域性的哲学家，但同时它也意味着别的某个并非毫不相关的东西：一个以法语写作的哲学家（就像写作《方法论》的笛卡尔）或一个明显具有法国传统或文化的哲学家。然而，有一种哲学模式总把哲学家看作是这样一种人，他试图思考任何时候任何地方的任何人都必须思考的东西，而不关心特殊的或实际的语言或民族性——因为那东西是普遍的。在这种获得普遍性的观念与历史的现实性之间存在着一种必然的张力。亚里士多德是西方哲学的一个奠基人物，他提出了一个有关语言多样性的定理："如同文字因人而异一样，言语也因人而异。但是，由原初符号直接表达的心理经验，在所有人那里都是相同的。同样，我们的经验所反映的那些事物在所有人那里也是相同的。"（亚里士多德《解释篇》，16a；转引自德里达：《论文字学》，第11页。）海德格尔是在"思想者"的名分下思考哲学家，在《什么召唤思？》一文中，他写道：

> 一个思虑者不能被看作思想者——毋宁说，当他思的时候，他抓住的应是那被思的东西即存在。只有当他抓住了存在，他才能向在他之前的思想者思过的思想之流开放。（第95页）

根据这一理想或模式，已被接受的哲学文本——它的语言——确立了一种本身未经思考的传统。唯有独立进入"存在"才能抵达思想之流，仿佛那思想已经独立于语言存在了。语言——被接受的文本——实际上是思的替代物（"不能被看作思想者"）。如果我真的在思，我就不是依赖于他人的语言。

根据这一观点，思根本上是独立于最宽泛意义上的语言、言语和写作的。因而，思的斗争就是要超越，也许是要进到语言之背后。[①]当然，对于这两个阶段，也许可以诉诸直觉中的某个东西。然而同时，这一传统的历史是这样的，在那里，我们看到哲学家一再地回过头来区分思与语言，但又无法证明思整个地是独立于语言的。进而，如同我们说这些主题构成了一个君临一切的西方哲学传统一样，这些哲学传统也沿着文化、民族、种族以及语言差异的划分线而有所不同。说德里达是一个"法国哲学家"（其复杂程度乃是我们在叙事中所说的环境造成的），就等于是说他的写作属于某一传统，这个传统以不同于俄罗斯或英美传统的方式思考某些主题，也就是说，他是以一种具有某些历史地决定的资源的语言（尽管德里达很少受语言边界的限制，而是不断挑战这些限制）来写作的，正是这些资源使他能够利用这种语言去讲述某些东西而非其他东西，但这些资源本身不能讲述那同样的某些东西。]

德里达的外曾祖父 1832 年出生于阿尔及尔。因此这个家族是在"1870 年克里米修斯法令"时期定居阿尔及利亚的——这一法令准许本地的犹太人成为法国公民。德里达的少年和青年时期，阿尔及利亚仍是一个法国殖民的阿拉伯国家（根据人口构成），学校的主导语言是法语，法语同时也是政治和文化方面的主导语言。正如阿尔伯特·加缪在短篇小说《宾客》中描述的，学校的学生学习的是法国的文化和地理。但是"二战"法国被占领期间，阿尔及利亚也是一个"被占领"的国家（尽管德国军队从未进入），并被迫接受了反犹太人的排犹法令。这些法令以及统治政策与政策实施的结果是导致了激进的、残酷的排犹运动，起先，犹太人还被允许入学，但不允许参加例行的升旗仪式，到后来则被赶出了学校，因为殖民地的限额措施比宗主国更为严厉（本尼顿，第 326 页）。作为一个被同化的犹太人（同样地，这也指某些以基督教术语命名的犹太教仪式）和仅仅勉强地认同于犹太教的宗教徒，德里达是一个受他人、法律以及学校教师的言论支配的犹太人，这些言论称"法国文化对于极少数犹太人而言并不意味什么"（奥特，第 126 页）。（在成人以后，他仍一直与犹太身份保持着某种"密切关系"，这也表明他对那一身份的某种对抗。）这个国家的阿拉伯语言并非"学校语言"，除极少数希望将来经商的学生之外；因此，德里达没有学习阿拉伯语——他地理上的祖国的一种语言。（实际上，后来他提到殖民主义感人的悲喜剧时曾指出："阿拉伯语，在阿尔及利亚是一种可供选择的外来语言！"《单语的他者》，第 38 页。）来自于北非却讲着法语，并事实上其整个的学习生涯都是在公立学校学习法国的高雅文化，德里达的这一经历并没有使他成为法国公民（尽管他的确是）意义上的真正"法国人"，但也没有成为"法式马格里布人"——一种矛盾的政治身份／非身份，因为"马格里布"是一个地理的和文化的身份，而不是国族身份；根本就没有什么马格里布公民，马格里布也没有什么确定的国界。他既属于这一切，也不属于任何一方。

在《单语的他者》的一个长篇的自传式反省中，德里达思考了他青年时代的这种政治和统治法令导致的身份游离的后果：

那时我还很年轻，当然还不很明白——实际上根本就不明白——公民身份以及这一身份的缺失究竟意味着什么。但是我也不怀疑排犹运动——为了保留年轻的法国公民而被拒之校门之外——可能与我刚刚对你说的身份错乱有一定的关系。我也不怀疑这种"排斥"在语言的归属上必定会留下它的标记，还有与语言的这种密切关系，与可安然地称作语言的东西的这种指定关系（可能最为密切的就是"法律指定"——引者注）。

我刚刚强调了那一公民身份的游离（"脱节"——引者注）持续达两年之久，但它不是——严格地说——发生在"占领时期"。它是法兰西法国的一种运作，甚至应当说是法国的阿尔及利亚在德军未占领时的一种行为。在阿尔及利亚，人们未看到一名德军。任何借口、否认或幻想都是不可能的：想把排斥的责任转嫁到占领的外国人身上是不可能的。

我们是法国的人质，我们必须忍耐……这一点现今仍伴随着我，不论我走得多远。（《单语的他者》，第16—17页）

我长篇引用这段话是为了说明德里达对他与他的第一语言和民族的关系所怀有的复杂心情，除此之外还是为了说明，从德里达的作品中抽出某些类似理论的东西，这种做法时常会忽视代理人意识和责任感。假设对那决定人的自由、身份和责任心的安排所怀有的复杂心情完全是在一种想象的再现中被讲述的，下面这段话德里达可能是对许多人说的。他说：

我不知道在现代民族—国家的历史中是否还有这个方面其他的例子，是否还有这种在某个时期以法令的形式剥夺成千上万人的公民权的例子。1940年10月，由于废除了1870年10月24日的克里米修斯法令，法国本身、阿尔及利亚的法国政府以及本土的"法国政府"依据著名的议会法案合法地组成（在大众前线议会厅），这个政府拒绝把法国身份加于——宁可说是再次剥夺了——那群人，他们的集体记忆一直在回忆或者说根本没有忘记那身份在那一天之前都是借来的，他们不会不记得，大约在半个世纪之前（1898年）发生的那次疯狂的迫害和大屠杀。然而，没有提防到会有一次史无前例的"同化"：彻底、迅速、猛烈而又壮观。有整整两代人经历了这次同化。（第17页）

他也许是说，对于那些人而言，象征性地剥夺这一相似的暴力行为是对他们的犯罪，对于那些遵纪守法的人而言，他们所能想象的东西就是一种自然身份（因为公民身份常常被归于"籍贯""出生地"这类范畴下来考虑，常常被认为是"自然而然的"，是与"外来者"和"侨民"这类身份相区别的，例如在美国），这实际上既是剥夺又是恩赐，如果环境允许：

和其他人一样，我先是失去了法国公民身份，后又得以恢复。我失去它的那几年没有其他国籍。你看，连一个都没有。我也不想有。那时我根本不知道我会被剥夺公民身份，这一身份无论如何也不是此时我正在解释的那一合法的和客观的知识形式[因为，天哪，我是以别的方式知道它的（通过在内部被排斥和后来被赶出学校的经验——引者注）]。

就这样，有一天，"晴朗的一天"，什么也没有发生，再一次，我寻找着什么，我一直因为太年轻而没有以恰当的政治方式认识它，我又找到了前面提到的公民身份。政府——我从来没有对它说起过——把它还给了我。政府——不再是皮坦的"法国政府"——重新承认了我。我记得那大概是 1943 年；我一直没有到过"法国"；我从未去过那里。（第 16 页）

因而，"身份"——法国的、犹太人的或其他什么身份——可以说是由其他人的接受或指定被授予的——甚至可以绝对地说——是由其他人的态度和语言授予的，而不是"自然的"。"自然的"公民身份丧失的观念揭示了国家的替代作用，那是对某个东西（"自然之物"）的替代，从理论上说，这个东西在通过与那一替代物（"国家"）的关系而被决定之前，从未先行存在过。

必须指出并提请注意德里达此处的语言（甚至在译义中）的复杂涵义，因为我们可能习惯上只关注这一解释"客观的"或公众认可的"事实"方面，例如法令的日期和名称，而忽视了他对我们谈论他自己——可能还有我们自己——时所讲述的那些东西。他强调自己年轻和缺乏知识究竟有多少次？

"那时我还很年轻……"

"我当然不很明白……"

"我失去它的那几年没有其他国籍。"

"那时我根本就不知道……"

"政府,我从来没有对它说起过……"

我摘录的这些句子说的都是知识不足、缺乏行动或消极被动以及无辜,其意图无非是为了强调相反方面的"那可安然地称作语言的东西"的暴力——如法律,不论是正式的和明确的还是非正式的和在制订过程中心照不宣的。每一种都是在难以和解的意义上的"安然",都无法提供自身之外的资源,无法揭示自身的历史和动机,也不会承认特别言明的特例之外的其他任何东西。

许多年以后,在捷克斯洛伐克,德里达坦白了他与纳尔森·曼德拉之间的亲密关系并承认支持后者以及"七七宪章"(曼德拉是詹·胡斯协会的创立者,这个协会是以一位捷克烈士命名的;1981 年,德里达在布拉格因捏造的走私毒品罪被捕入狱),还有其他的人权领袖。更为直接的是,他还开始写作一系列有关"另类"哲学家——卢梭、纪德、尼采、加缪、萨特——的著作,也许他是从心里认同这些哲学家,这一认同在 1944—1947 年就读于本·阿克诺中学(他 1941 年就已入学学习,但 1942 年因种族限额而被迫退学)和接着在 1947—1948 年就读于戈蒂埃中学期间就已经开始。1949 年,他进入巴黎的圣路易斯中学,继续他的哲学学习;但没有通过巴黎高师的入学考试,于是进了圣路易斯学校的文科预备班(这是

一所严厉的会考课程补修学校），他的同学中有几个人后来也成为名人，其中最著名的有皮埃尔·布迪厄和米歇尔·塞壬。1952 年，他进入了巴黎高师，开始迎头赶上，踏上了学术成功之路——尽管有先前的失败和明显的精神危机——并且在婚姻上也告成功（1953 年他结识了未来的妻子玛格丽特·奥科特里亚，1957 年他们在马萨诸塞的波士顿结婚）。1953 年，他开始研究胡塞尔，到瑞士查阅档案资料，后来写了一篇题为"胡塞尔哲学中的生成问题"的学习论文，但没有通过法国永久教职候选人的选拔考试。在通过教师资格考试之后，他于1956—1957 年到哈佛大学访问（文学批评家保罗·德·曼在那里教书，战后美国和国际上的许多哲学界人士以及文学研究者都是从那里毕业的）。

这一身份认同的叙事的确有点复杂。1957—1959 年，德里达作为一名义务役（法国）军人在阿尔及利亚服役，给军队子弟当老师——尽管他反对法国的殖民统治——1962 年，仅仅为了看望家人而被遣送（之后他自己回到法国并在雷·曼斯获得了一个教职）。（一直到 1971 年他才回到童年时代的故乡，当时他在阿尔及尔大学教书。）随着《埃德蒙德·胡塞尔的〈几何学的起源〉：导言》（法文第一版，1962 年）、约翰·霍普金斯大学的演讲（1966 年）、《声音与现象》（法文版，1967 年）与《论文字学》（1967 年）的出版，德里达在法国和国际哲学界的声誉与日俱增，到 20 世纪 70 年代，甚至已经成为了哲学界的名人。不过，尽管他既臭名远扬又获得承认，包括他的名誉博士和名誉教授，但他也引起了许多人的恐惧。1992 年，剑桥大学授予其名誉博士就在相关学科的投票人当中引起了分歧。尽管被任命为巴黎高等社会科学院主任之职，但还是有人常常把他看作是法国学术建制的另类。和他同时代的许多人一样，他对于自己模糊的民族性很少有认同，而更多地认为自己是都市的和国际的。

但他是一个哲学家吗？

我们已经讨论过把哲学家看作思想者的模式，在这一模式中，这种人的语言几乎是——假定地——独立于语言而存在的思考的偶然中介。而且我们还部分地讨论了德里达有关自己的生平的叙事，并认为这一叙事是通过语言且隐含在语言之中的。哲学家对语言的所谓偶然性典型的反应就是去修正它们，以使语言背后的思想普遍化或者说在语言中来传达思想，再不就是不顾一切地使用不同于任何不完整地揭示或传达思想的语言的独特语言形式。但是，正如我们到目前为止已经部分地点明的，德里达否认我们能通达到语言的"外边"或语言的"后面"，因为每一个想发现所思对象的尝试都只能把我们带向另一种写作形式或表达形式，带向这样的一个空间，在那里，没有什么能够被言说或被思考——"深渊""地穴""裂缝"，这三个不同的术语常用于指谓意义和意义内部的断裂。否则，我们就要陷入语言游戏之中，或是被语言游戏所纠缠。结果可能是，正如他的一个极具煽动性的传记批评家所断言的，"德里达不是要'做'哲学，他只是在'阅读'哲学"（本尼顿，第 285 页），并诉诸"既不 / 也不"这样的公式去描述他的活动（第 286—287 页）。如果他的主旨果真就是哲学或与哲学相关的那些东西（法律、文学作品的哲学等），那这一"也不"的本质是什么？

让我们回到那描述其身份认同过程的自传的母体，再次在另一篇有关选择与身份认同的生成的叙事中来定位——如果你愿意——那所谓的"阿尔及利亚之外"：

作为一名青年人，我无疑有过这样的感受：即认为在我所生活的环境中，讲述不允许讲的事情既十分困难，但也因此十分必要和紧迫。无论如何，我对作家们讲述不允许讲的事情的那种情形发生了兴趣。对于我而言，40 年代的阿尔及利亚（维希，官方的排犹主义、1942 年年底的盟军登陆、1945 年导致阿尔及利亚战争爆发的几起严重事件中对阿尔及利亚抵抗力量的殖民主义残酷镇压），不仅是或主要是我的家庭处境，而且我对文学、日记、一般杂志的兴趣也意味着一种对家庭的典型的、定型的反叛。我对尼采、卢梭以及我那时大量阅读的纪德的热情，其中就有这种含义："家庭，我恨你！"（"这一奇怪的建制……"，《文学行动》，第 38—39 页）

这一新生的急迫感——正如他所描述的——导致了一种对这类作家的认同和一种明显的"俄狄浦斯式"的反抗，这对于一个理智的年轻人而言可以说是完全在意料之中，更何况是处在一个无忧无虑的小资产阶级的环境中：

我认为文学是家庭的末日，是家庭所代表的社会的末日，即使从另一方面说家庭也受到摧残。那时候，种族主义在阿尔及利亚比比皆是，四处猖獗。作为犹太人和排犹主义的受害者，并不能幸免于当时充斥四周的反阿拉伯主义之苦，无论是公开的还是暗中的。不管怎么说，文学或曰"能够讲述一切"的允诺，是在我当时所处的家庭及社会环境中召唤我或指示我的主要原则。（第 39 页）

文学的一个巨大——如果说是典型的——魅力就在于它的揭露特性，或是通过情节，或是通过对给定的社会环境所展现的期待做生动的语言描绘。文学的繁荣有赖于真实地揭示日常生活的礼仪所忽略的东西或对其进行解释，这样，它就能为青春期的自我提供一种区分其自身与家庭和社会期待的方式。德里达在此引证的三位作家中的两位——小说家兼哲学家卢梭和哲理性的小说家纪德——代表着对在形式上已确立的社会或象征秩序的同化的一种特殊的、明确的反抗，这一形式也违背或至少是考验了生成的边界。(哲学诗人或诗人哲学家尼采也说过类似的话。) 但这一故事还存在一个——几乎经典的——第三方面。

我们自己的"背景故事"几乎无可逃避地具有至少三个方面——"一旦我成为 X，接着就要思考 Y (常常以一种失落感或变革意识)，这样我就成为了……(某个其他的、更为复杂但也更为真实的东西)"。因而，冒着简约的危险，德里达的故事的第三部分是：

○　　　　但是它无疑比现在用几句话来思考和说明它要远为复杂，它更主要的是多元决定的。同时，我相信文学很快也就成了一种不能令人满意的、或者说有欠缺的、难耐的经验了。如果说，我当时认为哲学的疑问至少是必要的，这或许是因为，我那时有一种预感，认为文学中有时会存在一种天真、一种无责任感或软弱无力。我以为人们不仅在文学中可以讲述一切而不产生任何后果——这无疑是很天真

的——而且，实际上真正的作家也并不问津文学的
本质问题。大概正是基于那一无能和禁止的背景——
面对文学作品，我总是十分向往，却又常常感到望
尘莫及——我的兴趣不久便转向了要么是对文学提
出问题的文学形式方面，要么是对言语与书写的关
系提出质疑的一种哲学活动。哲学似乎也更具有政
治性……更能够从政治的角度把文学问题同其要求
的政治严肃性与后果性摆在一起。（第 39 页）

这第三部分几乎全是解释，但它也许恰好是故事的另一组成部
分。我们可能会说，在那里，德里达是以自传的方式向一位自
愿的和渴望的旁听生（即采访人狄克·阿特里德）反省自己，
他力图理解一种难以肯定地陈述和纯粹作为抉择的抉择究竟是
怎么回事。就是说，那既是回顾，同时也是体验，要在一种
被认为无谓的行动阐释与多元决定的行动阐释之间作出决断
是困难的。因而我们对自己的行动的阐释都是反省性的（"也
许"，德里达说，"……我所向往的……"），摇摆于抉择与听
命之间的。

　　在这一自传性的反省中，出现了一种相互影响，并且毫不
奇怪，它是以一种二元的形式出现，即在给定的东西与被选择
的东西之间，这种相互影响使得德里达能够以自相矛盾的形式
界定传统哲学的问题。一方面,哲学似乎承载有责任感的传统,

它要求行动者对自己的行为给出理由，由此而形成了一种有效的话语。另一方面，文学似乎只关心人们能够"讲述一切"的可能性，因此造成了与文化语境和理性的双重脱节，只不过是以某种无能作为代价，在那里，讲述一切的文学否认自己有讲述一切的自由和可能性。这样，对责任感的召唤就被界定为既非对来自第一原理和逻辑必然性的论证的召唤，也非对无谓的创造的召唤，而是这样一种东西，它将不时地在那一自相矛盾的符号和"计算的危险"——就是说，它既非一种计算，也非一种危险——或（可能是后来更为恰当地）在"信仰"的符号的名下出现在他的写作中：

　　　　讲述一切的自由是一种十分有力的政治武器，但这武器作为一种虚构又会顷刻间使自身中立化。这种革命力量有可能变得十分保守。作家也很可能被认为是不负责任的。有时候，他可以——我甚至要说他必须——要求某种不负责任，至少是对于意识形态的权力机关……这些权力机关总是企图把他召回到对社会政治或意识形态机关十分明确的责任上来。这种不负责任的职责、这种拒绝就自己的思想或创作向权力机构作出回答的职责，也许正是责任感的最高形式。对谁、对什么？这就是未来的全部问题，或者说由我刚才所召唤的未来的民主制这种经验所允诺或允诺给这种经验的大事的全部问题。不是指明天的民主，不是明天就会存在的未来民主，而是那种其观念与将来、与一种预定允诺的经验相联系的民主，它永远是没有期限的允诺。（第38页）

这是一种强有力的重构，其本身与哲学之间存在着断裂，后者总力图发现什么——如意义，或那已经给定的东西——总认为某人的责任感是针对那被给定的东西的，并进而会转向还没有被建构和被给定的东西。这种重构与"结构、符号与游戏"一文结尾处（第265页）设想的"天生畸形"的观念和形象——它在德里达的作品中一直处于重构过程——是结合在一起的。它没有任何的可信度、确实性或正确"意识"，也许它在私下里特别地暗指一种最晦涩和最独特的基础性文本，这一文本不是哲学的，而是西方世界的信仰传统的文本——这一传统就存在于以理性和责任感的文本形式出现的哲学的旁侧、内部或对立面，存在于德里达在后来思考亚伯拉罕传统及其宗教衍生物时明确地回到的东西的各种变体的旁侧、内部或对立面：

这些事以后，上帝要试验亚伯拉罕。就呼叫他说，"亚伯拉罕！"他说，"我在这里。"上帝说，"你带着你的儿子，就是你独生的儿子，你所爱的以撒，往摩利亚地去，在我所要指示你的山上把他献为燔祭。"亚伯拉罕清早起来，备上驴，带着两个仆人和他儿子以撒，也劈好了燔祭的柴，就起身往上帝所指示他的地方去了……他们到了上帝所指示的地方。亚伯拉罕在那里筑坛，把柴摆好，捆绑他的儿子以撒，放在坛的柴上。亚伯拉罕就伸手拿刀，要杀他的儿子。耶和华的使者从天上呼叫他说，"亚伯拉罕，亚伯拉罕！"他说，"我在这里。"天使说，"你不可在这童子身上下手，一点不可害他。现在我知道你是敬畏上帝的了，因为你没有将你的儿子，就是你独生的儿子，留下不给我。"亚伯拉罕举目观看，不料，有一只公羊，两角扣在稠密的小树中。亚伯拉罕就取了那只公羊来，献为燔祭，代替他的儿子。亚伯拉罕给那地方起名叫耶和华以勒。直到今日人还说，"在耶和华的山上必有预备。"（《创世记》, 22：1—3；9—14）

这一不负责任的责任心是什么？"对谁，对什么？"德里达当然不是要在他的作品中求助于一种有神论的上帝概念，相反他曾指认自己"（很可能）是无神论的"，就是说他不信仰人格化的上帝。然而他与这一传统仍有着密切的联系，正是这一联系使得他能生动地描绘"一种预定允诺的经验，那永远没有期限的允诺"（"这一奇怪的建制……"，第38页）。

在德里达看来，亚伯拉罕的故事是摆脱计算性酬报的一种象征：

> 它最终处于生命的否定中，对他儿子的生命的否定，他有一切的理由认为这要比他自己的生命更为宝贵，可亚伯拉罕还是争取或赢得了胜利。他是冒险取胜；更为确切地说，他已经放弃了胜利，他既不期待回答也不期待回报，他不期待任何回报，不期待获得什么……他知道上帝一定会回报他，在彻底放弃的那一瞬间，在他已经决定牺牲他的儿子的同一瞬间。他重新获得了儿子，因为他放弃了计算。解除这一至高的或凌驾于一切之上的计算的神秘性的人决不会做计算之事，他可能会说那只是在玩纸牌游戏。通过父法，经济学再次挪用赠礼的非经济学作为生命的赠礼，或者说——这其实是一回事——死亡的赠礼。(《死亡的赠礼》，第96—97页)

针对"何种条件下责任心是可能的？"这个提问，德里达回答说，在善忘记了自身的条件下，"善就能存在于一切计算之外"：

在善忘记了自身的条件下，运动才能成为放弃自身的赠礼的运动，因而也是充满无限之爱的运动。只有无限的爱能放弃自身，并且只有成为有限的，成为具体的，才能去爱别人，才能把他人当作一个有限的他人来爱。无限的爱这一赠礼就来自某个人，且是指向某个人的；责任心要求不可替换的独特性。不过只有死亡或者更确切地说对死亡的恐惧才能赋予这种不可替代性，只有在这个基础上，人们才能谈论责任主体，谈论有自我意识的灵魂，谈论我自己，等等。（第50—51页）

这当然是对那一叙事的逻辑的一种解释，亚伯拉罕和以撒的牺牲（根据这种阅读，对于亚伯拉罕而言，两者都是自我牺牲）据说就是依据这一逻辑来美化基督教中基督和上帝牺牲的观念，并以此来说明为什么死亡来到世上是作为一种可怕但同时又使爱得以可能的事——通过使每个人成为唯一的、有限的、不可替代的和不可取代的，人才能向任何人保持开放——并因此使"生命"（不只是能动性和再生产，而且还有意识和意义）成为可能。

然而，对于任何想回答德里达属于何种类型的哲学家这一问题的人而言，关键的东西是这是否是传统所接受的典型意义上的"哲学"，或者说是哲学与宗教之外的某个东西，因为这一解释其实不包括基督教或其他宗教的那些方面，如它要求一种对超验的和人格化的上帝（作为存在的上帝；作为一个实存的上帝）的信仰，它确信死亡只是各种存在样式之间的一个过渡。人们有一切理由去相信德里达所说的不是这些。

因此，他的叙事形态似乎意指着一种普通叙事或神学叙事的三重形式（即从存在转向非存在和缺失的过渡时刻，然后再回到存在这样一个救赎或回报的叙事），而不是德里达所批判的"本体神学"的那种叙事。他不这么做的理由似乎是：哲学或神学的历史如果没有对人类自由的根本肯定就不可能产生意义——而这就意味着指向他人的责任感与无责任感的一种相互作用——如果与他人的关系服从于简单的经济学交换，如果与"他人总体"［在德里达看来就是指"任何他人"（"每一他人就是任何他人"），《死亡的赠礼》，第82页］的关系在其后果中是先行由一种封闭的经济学或同一东西无终止的重复交换决定的，那种人类自由就被否定了。实际上，这就是说，爱和善要想具体化，就必须是超验的（例如基督教传统所说的），而不是仅仅依赖于满足的欲望。事实上，它们必须有赖于不满足，一种对超越于可以被给予的东西之外的东西的欲望——也是对不可计算的东西的欲望。

西方哲学所说的东西，差不多就是康德在其"范畴律令"体系中所说的（这样说仅仅意味着在某些相关的方面人们一致地自愿遵循一个普遍规律），那意指着一个理性自由的领域，一个在理性之中且通过理性而获得的自由领域。但是在亚伯拉罕的牺牲行为中，或者说在基督教的叙事中——如保罗所说的"上帝拣选世上愚拙的，叫有智慧的羞愧"（《哥林多前书》，1：27）——什么是理性的？

德里达一直在强调超验的观念，而同时他似乎又不赞成对存在中的那种超验物进行总体化，他一直把目标指向他所谓的"将来"或者说还未实现的某个东西，这个东西既不是现在也不是未来：

没有两难的道路是什么样的？有这样一条路吗，它没有可扫清路的东西，因为那路根本没有开放，不论它是被堵塞的还是被非路掩埋了？我不认为没有决定之必然性的路的观念，决定就不可能。我也不认为决定以及责任感在决定已经可能和可以编程的地方是存在的。人们可以讲述或者说只能讲述这个东西吗？对于它只有一种声音吗？一个名称吗？（《论名称》，第83页）

这当然需要回到和重新打开那一传统，在那里对上帝的命名和想以有限的术语甚至"存在"这个术语言说上帝的企图，对于超验的他人和有限的他人的可能性都是一种限制——因此它也是对以可计算的东西进行思考的理性的和理性化的哲学研究与宗教研究的挑战和批判。它也承认在曲折的、混乱的历史进程中存在着有意义的东西，它们将动摇人们在此思考的东西的基础，因此可能会为那还不是的东西、那在《圣经》的转义中形成的东西打开一条道路——尤其是 metanoia，或结果证明是路的东西，在那里，人们可以走在一条下降的路上，然后进入另一条路，一条未被发现的和非计算的路。

剧　终　二

为总结导论性的这两章，尝试把德里达归入某一生活与思想履历的形式，我们可暂时回到杰弗瑞·本尼顿的那句话："德里达不是要'做'哲学，他是在'阅读'哲学。"这是什么意思？首要的是，对德里达而言，说除他自己的陈述中的结构混乱之外的任何东西都是不"真实"的，这几乎是不可能的。不论那文本讲了些什么，他都是站在一种学者的和阐释者的立场言述它，他既不表示赞成，也不表示反对，如同他既不是在做深入研究也不是在反驳一样。这包括重读柏拉图《蒂迈欧篇》有关 khora 的那些特殊的段落［在论文"khora"中（《论名称》，第87—127页）］以及有关《马太福音》第6章和《利未记》第19章的那些段落［见"每个他人就是任何他人"（《死亡的赠礼》，第97—109页）］，它们既是对阅读的研究，人们也可以把它想象为是供阅读的对象。它也意味着一个丰富的和可研究的包容性，甚至可能意味着一种愚蠢或不负责任，它不是寻求可编程的和已经可能的东西，而是某个新的和其他的看起来陈旧其实是一回事的东西。他告诉你不应当期待在那里获得什么新的教益，他激发人们去思考那已经认作属于主题的边缘而被丢弃的东西，这东西尽管不属于中心，但实际上，它至少属于思考明显的"关注点"（贝尔纳斯科尼，第99章），人们正是从那里开始提出问题的。

注释：

① 例如，这也曾经是亚里士多德《动物篇》（429a）的一个主题——这一主题肯定了思与知之间非同一的相似性，但又坚持了一个根本的差异。这里引述其中的一段话："现在，如果说思考与知觉有联系，那就是它以某种方式受到所思对象或别的某个东西的影响。因此它必定未受影响，但却能够接受那种形式，它有可能就是如此，尽管与后者没有同一性。如同那能够知觉的东西也可以是知觉的对象，类似地，那理智也可以是理智的对象。因此它必定是未混合的——就像安那克萨哥拉所说——因为它能思考所有的东西，以便它能衡定，就是说以便它能认识……除此之外，它必定没有其他的本质，它就是能力。因此灵魂的那一称作理智的部分……实际上并不是它思考之前就存在的东西。"

3

On Derrida —————— 现象学与语言：遭遇
大陆哲学

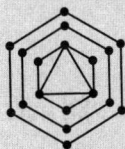

阅读胡塞尔

> 我们必须把自己置于这整个的生活和这整个的文化传统之上，通过彻底的感性研究，给自己找到独特的和一般来说最终的可能性与必然性，只有在这一基础上，我们才能对判断、评价和行动中的现实性采取自己的立场。——埃德蒙德·胡塞尔：《形式的与先验的逻辑》（第5—6页）

埃德蒙德·胡塞尔（1859—1938）是一位有创造性的"德国"哲学家（他的出生地在现在的捷克共和国）。他本来是想成为一名数学家，在为数与数学的心理主义解释——这一解释把（例如）数仅仅等同于心理状态——寻求答案的过程中，他转向了"哲学"。胡塞尔的工作的意义在于，它肯定了理想性和先验物的存在，但同时它又把自己仅仅局限于对他称作"感性材料"的东西的观察，以避免形而上学的假定。他的工作可以说是笛卡尔传统的延伸：从观察呈现给心灵的现象（能思者，被思的对象）开始，来试图建立自我中思维（我思）的活动，最后得出心灵的一般观念（我们借此可以相互认识和交流）以及理想性的概念。这样，人类的文化产品和创造性就获得了其最终的现实性或特征。

在德里达看来，胡塞尔的重要性就在于，作为海德格尔和萨特（在德里达读书期间，存在主义哲学家在法国正是如日中天的公众人物）这类较早的当代哲学家的先驱，胡塞尔阐发了一种叫作现象学的方法论，并提出了每个哲学家都部分地要面对的方法与主题的基本问题。而且他还试图解决这些问题——或者说声称要这么做——而不要首先以任何特殊的方式假定世上万物是真实的或不真实的。

胡塞尔和德里达的著作都不容易"理解"，在此有必要限定我们的目标，因为我们是想用很少的篇幅来解释和提炼某些东西，而这有赖于对他们的思维过程做详尽的和连续的说明。但是我们可以从考察胡塞尔的独特之处开始，这样就可以解释德里达的独特之处，因为德里达的作品和思想是从与其他作家的碰撞中生发的，而他与胡塞尔的碰撞是最为特别的。[参见约翰·列维对胡塞尔在德里达的思想发展中的地位的质疑（"结尾"，第184—185页）。] 与其他事件相比，正是通过与胡塞尔的碰撞，德里达提出了一系列的术语（它们最终也没能以一组系统的定义或定理固定下来），并一开始就界定了某些核心的问题和他自己的研究的独特方法。（德里达几乎所有的作品都采取了评论的形式，因此它们既是某一给定文本的具体化，又是对它的探讨。只是在有些情况下，德里达才会对他所不赞同的哲学家提出反驳；但接着，他又会说，首要的是，正是他所反对的那些哲学家错误地解释了自己的作品。正是对他所反对的哲学家做的这一富有特征的反驳，德里达在有意挑衅的同时，又力图避免或者说抵制论证的活动。）

胡塞尔提出了什么样的问题——德里达一开始就是这么问的——对于我们理解和尝试考察我们自己是富有启发的？

首先就是"先验现象学"的观点，本章的章前语就可以看作对它的定义的一个基本态度。要"把我们自己置于这整个的生活和这整个的文化传统之上"，这足以明显地表明了一种走向先验的运动和一种上帝式的万物观，也意指着判断和知觉的真正中心。这与我们今天当作传统所设想的哲学态度的东西是相一致的，因为我们总试图理解意义——不论我们所希望理解的思想内容是什么——但又不愿简单地和武断地把某一其他内容当作判断的基础加以利用。（在这方面，它与结构主义的方法论有着某种关系。）这是一种调解差异的策略，它把差异归约到一个统一体中。[胡塞尔也坚持了亚里士多德《动物篇》（第三章第四节）的传统，在那里，亚里士多德界定了我们理解、看作"思维"的东西。] 它不是要反驳"这整个的生活和这整个的文化传统",而是要从根本上找到一种立场——可以说是一种未受影响的立场——这首先就要获得认识,然后再把它交付判断。它还意味着悬搁或存疑仅仅常规的思维范畴,但并不必然地要摧毁它们,而是至少要对它们作出评价。这样一种运动并不是胡塞尔的创新,实际上,人们可以称它是现代哲学思维原发性冲动的又一次创新,这一冲动就是,先把仅仅道听途说和经验过的东西放在一边,去重新言说和体验,就像是第一次那样,而且要在意识中把它当作是思维对象看待,亦即我们怎么说就怎么思考。这一运动既是重复性的又是原创性的,就仿佛重复我们在拉尔菲·瓦尔多·爱默生的著名论断和问题中所获得的那一先验原理:

> 我们的时代是怀旧的。它建造父辈的坟墓……先人们同上帝和自然面对面地交往,而我们则通过他们的眼睛与之沟通。为什么我们不该同样地保持一种与宇宙的原始联系呢?(《论自然》,第7页)

在这个例子中,那种运动一开始奇怪地显得是美国式的和天真的,而它也的确采取了这种形式。但是在胡塞尔的传统中——在这一传统中,正是在源头处而不是求助于权威的这种重复为现代哲学奠定了基础——是笛卡尔奠定了它的基调:

全于我的思维方式对于他人的交流的效用方面，可能不是很大，因为我到目前为止还没有这样处理它们，在它们能运用于实践之前，还没有太大的必要加以补充。而且我认为我所能说的绝无虚言，即使有谁能够把它们归于这个方面，那也必定是我自己而不是别人；这并不是因为在世界上存在的这许多不可比较的心灵都不比我的更为优秀，而是因为人们无法把某个从别人那里借来并是别人原创的东西完全据为己有。（《方法论》，第 84 页）

如果文化传统已经锤炼出和发现了某个更为有益的（知识上，精神上和道德上）、可以谈论和思考的东西，那为什么不相信"父辈"（爱默生）和"学校"（笛卡尔），接受它们的东西作为我们自己的格言？为什么要寻找一个原初的知觉而不是接受那些于我们有益的、代代相传的忠告？（为什么不这么做？）如果说爱默生所自负的知识是公开的，那么笛卡尔的则是精微的。而且笛卡尔的知识明显是系统的和逻辑的，同时也是精巧的，比他所反对的学院派的影响大得多。["笛卡尔"，德里达写道，"并没有取代中世纪的神学"（《论精神》，第 20 页）。] 不过，他从某一立场亦即思维者自身的立场贯彻始终地对思维问题的强调正是胡塞尔所重复的重点。[1]胡塞尔的目标可以说就是力图重建笛卡尔的方法。

在另一方面，胡塞尔尝试确立的立场可以看作是与"这整个的生活和这整个的文化传统"相疏离的现代性的一个象征性的例子。之所以出现这种疏离，就因为分工的无所不在，用德里达的话说，是"科学……的理论活动与实践活动在其进步的名义下"的分离，是"生命感与和整个世界发生联系的可能性"之间的分离（《埃德蒙德·胡塞尔的"起源"》，第31页）。例如，正是在现代性（以及西方）的自信中，"传统"就是对"我"或"自我"的屈从。在胡塞尔看来（在笛卡尔那里是暗含的），早期文化的产品是一代一代"积淀"下来的，是人工制品而不是行动或生命实体。这种积淀和随后出现的重新思考传统的需要是必然的，因为忠告并非知识，还因为我们甚至无法理解先辈们的语言，除非我们从言说者的角度学习那些语言，除非我们学会说那些语言，或通过它们学习，就仿佛是第一次，仿佛是思想和知觉决定语言的过程而不是语言决定思想。这意味着对语言背后的思想和意义的理解。含义已经存在着，人们必须与语言保持距离，因为其本身就是"这一文化传统"的一部分，以达到此处所讲的目标。（我们怎么能做到这样？）胡塞尔提供了一个在复杂性方面可供研究的例子，如果我们只接受"这整个的生活和这整个的文化传统"的产品，这种复杂性只会有增无减。因为这么做有点像收到一份生活到处都一样的报告，因为所有的人都有他们的偏爱（报告不会保证此时此地真实的东西到彼时彼地也真实），并相信它们此时是真实，也可以通过运用它们来确信这一点。而且它就像是学习一种运动游戏，不需要学习包含在运动理论中的运动的价值。最为重要的是，我们也不能只要求从报告和运用中学会如何辨别何为真实，除非通过他所谓的"根本的感性研究"。

起初，这看起来像是一种经验哲学的重述，这种经验哲学已经成型，因此不可能产生新的见解，当然也不会产生可称作"先验"的东西。（如果我们假定"感性研究"仅仅指的是可称作——用一个模糊其所说的那种判断的短语说——"外部感官"的东西。参见前面引述过的亚里士多德在《动物篇》中有关知识与感官知觉的经典区分。）然而，这些感性研究似乎与别的东西有联系，人们可以把它等同于康德或其他某个"先验"哲学家在寻求"根本的可能性和必然性"的过程中所指谓的领域和领域的范围——"以我们所采取的立场为基础"。但是，与康德的范畴不同，这些研究不是消极地或偷偷地给定的；毋宁说，它们需要探寻，需要我们"采取"自己的立场。人们甚至会说，自相矛盾的是，只有通过使我们自己作为一种先验的观察者（集体的，因为短语使用的是复数）从场景中消失，我们才能从事"感性研究"，我们才能重新进入——仿佛是一开始或在源头处——"这整个的生活和这整个的文化传统"的活生生的世界。

但是，理解"判断、评价和行动中的现实性"和对它采取一种立场，似乎意味着在感性研究的发展中对整个文化传统的重新申述，要不然，那目标就只是偶然地出现的东西的一种零散的缝合（与人类学家列维 - 斯特劳斯的"零敲碎打"概念没什么不同）。这样，那命题就是令人沮丧的。值得注意的是，对于德里达而言（他与胡塞尔已经发生的碰撞主要在《爱德蒙·胡塞尔的"几何学的起源"：导论》和《言语与现象》中有所阐述，但这一直是他自己计划的一部分），一种方法可以在这种矛盾的、模糊的，或者在任何情况下分裂的现象介入中得到说明。在寻求所引证的这种现象 / 经验"根本的可能性和必然性"的过程中对世界加括弧和对经验进行还原，需要的就是这种分划。例如，当德里达从《形式的与先验的逻辑》中抽取这段话作为他为胡塞尔的《几何学的起源》写的导言的一个脚注时，人们就可以从这一刻开始期望看到他对照相式小说《检查的权利》中的观看行为和叙事结构的分析。但是人们也可以认为这不过是众多有特色的"双重运动"或"双重感觉"的一个例子，正是这些"双重运动"和"双重感觉"挫败了德里达的批评家，他们可能忘记了或者不承认它与一种严格的方法论是结合在一起的。

源头

19、20 世纪以及现代早期的大部分思考——尤其是在时常称作"人文学科"的方面——总是把方向指向一种因果解释的模式（类似于自然科学的某些方面），这一模式把事件的当下状态归因于先前状态的连接关系——在社会学、心理学、历史、人类学等领域都是这样——而无法在某一解释框架或所讲述的故事的内部对判断的根据（真理的尺度）给出一个合理的、灵活的和充分的解释。这些故事总是把某一解释框架强加于事件之上，但又不能对思想（或存在）给出一个解释，除非那解释就存在于事件的因果链条中。有许多解释是以源头为参照，但对源头本身又缺乏审慎的思考。（参见杰弗瑞·本尼顿在《阻击德里达》中简洁的概括，第 19 页。）例如，人们可能会说，新手（例如手工艺学徒）总会挑选一个解释模式，就像有的人会挑选一种语言，然后加以专业的运用（学着说），而不需要有太多"判断、评价和行动"的框架，当然专业内部的一般性直觉和极其有限的成功与失败模式除外。对于各种相互竞争的"理论"（或者说解释模式），人们也无法作出很好的仲裁。唯有好奇心能引导我们去探究那在解释冲动中被留下的、未被解释的、被压抑的或者完全被遗忘的东西。但是远不止这些。解释导致真空的填充，在那里，你或我发现了自己和我们想当然的、未被解释的意识对象，解释还能导致为我们的信仰、存在或行动（常常经验的）源头找到一个约定。除了向他所遭遇的胡塞尔——因为他碰巧读到了他的作品并在上面花了一定时间——这位哲学家提出挑战之外，在他的作品中还隐藏有一些问题需要回答。判断、评价和行动的基础是什么？我如何在传承给我的那些理论和方法中进行选择？我如何才能断定它们的必要性？

无时间性与存在

　　无时间的真理（未受影响的或非激发的）的"源头"是什么——不是在近似真理（例如有用的预言）的忠告或理论的意义上的，而是在那不依赖于经验的检验（如作为因果现象的"感性经验"）和必然为真的意义上的？就是说，我们如何辨别小说的具有必然性的真理（这种真理既是必然的又是绝对的），亦即那些不依赖于历史顺序或语境而称作真理的真理？以几何学为例。几何学观念的现象学是什么——这种观念永远为真（例如毕达哥拉斯定理），其存在独立于其作为经验一般化的可能的"源头"（并且不能被新出现的表象所蒙骗），以及在其中（或被）表达的符号？它的源头是什么？几何学的历史能够解释几何学吗？

　　旁白：确立一种学科的符号系列必须在某一后来的语境中来理解，而不能把我们带回到它们所不是的某一时刻以及与它们相同一的思想所不是的某一时刻，但是，当我们能够想象那符号所不是的时刻时，我们并不能同等地想象那必然真理之真理所不是的时刻。它究竟怎样才能出现？它来自何处？我们真的能够认为几何学的"真理"有赖于它的历史呈现吗（例如它的有用性的力量）？

这样的话，它作为真理的有效性是什么？我们从几何学研究中学会的东西如何提示我们符号的性质——不是作为交流的中介，而是作为思维的中介，甚至是独立于它的表达并在独立于任何表达中介时坚持为真的思维的中介？根据定义，几何学的一种经验的历史或人类学只能处理它的表象——文本和经验的证据——只能以某个相对武断的时刻来划定它的开端——之所以是武断的，就因为我们已经通过其与写作的相似性界定了它的开端，这种写作是事后的，是口头上确认的，并是定义所禁止的或限定的。

如果我所思考的一切可以回指到引起运动（如霍布斯在《利维坦》中指出的）和因果链条的某种环境，那么，判断和评价依据什么为根本不是同样偶然地引起运动的其他链条中的行动提供选择？例如促使我采取某一伦理行为以及把这一行为确定为伦理行为的东西不是快乐或幻想又是什么？如果有某个东西独立于环境的因果链条，那它是什么，它存在于什么样的空间中（如果说它是在一个"空间"中"存在"的话）？这就是德里达在与胡塞尔的遭遇中通过数学客体所提出的问题：

数学客体似乎是指导胡塞尔的反思首选的例子和最常用的线索。这是因为数学客体是想象中的。它的存在整个地是透明的，是它的现象性最常用的。例如绝对的客体总体上摆脱了经验的主观性，它仅仅是它所呈现的样子。因此，它总是已经被简约为它的现象性感官，它的存在对于纯粹意识而言从一开始就是一个客体。(《胡塞尔的"起源"》，第 27 页)

在有些哲学世界中（例如柏拉图的、贝克莱的或斯宾诺莎的），理想性并不像这里那样是一个问题：它可以在某一世界的语境中得到解释，在那里，据说那个世界中的所有客体都有自己的空间，甚至那些独立于"主观性的经验"而存在的客体也是如此。但是胡塞尔的哲学世界是这样的：在那里，我们的知识已经被还原为源自"根本的感性研究"的东西，在那里，除感性研究之外，不需要假定地求助于任何东西，如"上帝的心灵"，尽管那种诉求愿望已经注意到了上帝眼中的现象观。结果，它整个地是历史的世界（知识或是通过思维过程得以建构，或是作为"这整个的文化传统"的一部分以及其他思维活动的踪迹如在某一文本中被给予）。正如胡塞尔在 1887 年的一篇论文中指出的：

数是心灵的创造物，因为它们形成了各种针对具体内容的活动的结果；然而，这些活动创造的不是新的和绝对的内容，我们在空间中或者说在"外部世界"可以再次发现它；相反，它们是一些独特的关系概念，只能一次又一次地被生产，而根本不能在某个准备就绪的地方被发现。（"论数的概念"，转引自比梅尔："关键词"，第 150 页）

换句话说，数需要一个指谓系统，这个系统与任何指涉物都不具有同一性，并且是独立于从来不"存在"的东西的。作为处理"具体内容"的结果（例如计算）而产生的那些概念导致了人工产品的出现，如数的符号，但这些人工产品本身并不是所产生的东西中最重要的。事实上，它们有意义，仅仅是因为"独特的关系概念（它们至多指示的东西）……能够……一次又一次地被生产"。我们无论如何不能纠缠于这些概念，仿佛它们是人工产品，但是，就它们是通过再现（最广义上的书写）而对意识存在着而言，它们是历史的，但是，它们与先于它们存在的"事物"（例如量的意义上的"时间"或"空间"）不是同一的，它们也不能取代"事物"。同时，它们是别的东西，独立于经验性体验的时间与空间、历史、事实上一切可见的和不可见的东西——尤其是——它们与任何肯定的表象或它们在场的符号都不具有同一性。一旦被生产出来，它们就不能像不常用的工具那样搁置不用，而是必须被思考者"一次又一次地"生产或使用。如果那对数一无所知的人碰巧遇到了一堆数字符号和数字关系（如"数字运算"）——那它们对于他并不意味着什么，因为这些能指和任何能指一样是任意的，而他并没有所生产的关系概念的知识。它们有赖于传统，不过通过它们，传统与自身发生了断裂：当我生产这些符号时，我的指谓活动具有原创性，尽管我实质上是在重复传统传给我的那些符号。同时，我所生产的再现的真理—价值并不依赖于我个人对它的理解。相反，它必须对于那超越于我的个人意识之上的一般意识为真。如果不具有意识概念的那种一般性，就根本不会有真理—价值，这一推理与大多数西方哲学话语是相一致的。

在胡塞尔看来，以几何学的方式思考，需要重新激活几何学的可能性；但是，那必然为真的东西（关系概念）实际上并未改变，仍是"真实的"，独立于任何经验因素而存在着——不仅是对于特殊的个人主体，而且是对于任何个人主体。对于那些对事实的建制（例如几何学家或者说那些从事几何学研究的人）的结果感兴趣的人而言，或者说对于那些认为几何学的创造是一种启示的真理而不是真理的建立的人而言，几何学的历史性并没有什么特别之处，而且正如德里达指出的，"（几何学的）规范价值……根本上是独立于它的历史的"（《胡塞尔的"起源"》，第43页）。（旁白：实际上，几何学的规范价值如果不是我的三角形对你的三角形的问题，不是我或你想要在世界上强加三角性的问题，就必定是独立的。现在倒有一个问题，一个令许多有关选择和争夺解释模式的公共话语十分棘手的问题。我们所赞同的客观性的基础是什么，如果它不是存在于并非先验的真理话语的某一特殊的真理话语之内？）但是对真理的传统的基础进行研究对于先验现象学的目标是至关重要的，因为"我们如何对判断、评价和行动中的现实性采取自己的立场"这本身就是一种认同过程。

胡塞尔称自己提出的方法为 Ruckfrage（反问），德里达将其译为法语 question en retour，并（以及他自己的作品的译者）将其译为英文 return inquiry。在胡塞尔看来，有关文化继承的历史研究的目的就是要克服重述过程中强加于思考的"积淀物"，说得充分一些，当知识以忠告或格言的形式或以不变应万变的机械方式代代相传时，我就无法能动地思考，或者说我在保护传统的名义下从事思维活动时就不可能有自己的意识。["非积淀化"与德里达所说的"解构"几乎是同义的（《论文字学》，第 10 页）。] 回到我们的第一章，有一个例子可以当作注解来阅读，在那里，我以一个假定阅读了一个文本，这一假定就是：那代代相传到我这里的那段文字的阐释，作为我所继承的传统的一部分，其实是一个现实的理解，是与文本的一次相遇，它能让我最充分地理解那个段落的意思，并使我以为那就是它最初的意思。（例如，如果我通过我的老师教给我的译文替换了解了那个术语在我所不熟悉的那门语言中的意思。）德里达解释说：

○　　　和它的德文同义词一样，还原法可以用远距离交流所用的邮件作为指涉标记。和 Ruckfrage 一样，还原法必须以第一封邮件为基础。从一个已经收到并被阅读的邮件的角度说，提供给我的可能信息是必须回复，并要针对传统传递给我的东西的原初的和最后的内容来回复。因此，后者——仅仅是中介本身，并对一般的远程交流开放——正如胡塞尔所说，是"对持续研究的开放。"（《胡塞尔的"起源"》，第 158 页）

或者直接援引胡塞尔的原话——在这里，他对于他的方法可能比他的评论者阐述得更为清楚易懂：

从我们所认识的东西如我们的几何学或者更直接地从代代相传的古老形式（如欧几里得几何学）开始，有一种研究总想回溯到已被埋没的原初起点，因为这些起点必定具有其"原始的建立"功能。这一回溯式的研究不可避免地就存在于一般性领域之内，但是……所存在的一般性需要充分地加以解释，还有提出特殊的问题和自明的诉求作为回答的限定的可能性。几何学是现成的，可以说它已经成了一种传统，回溯式的研究可以从那里开始。我们人类就存在于不可记数的传统内。整个的文化世界，其所有的形式，都是通过传统而存在。这些形式之所以如此并不是偶然的；我们也知道那既成的传统就是传统，它是通过人类活动，例如精神性的活动，

○ 在我们人类的空间内产生的，尽管我们一般地对那产生它的特殊起源和精神源头一无所知，或者说等于是一无所知。不过，这一知识缺乏在任何地方都存在，并本质上是一种隐含的知识，因而它也可以被澄清，成为一种自明的、不容置疑的知识。(《胡塞尔的"起源"》，第158页)

对于几何学，这看起来是一个可行的目标，德里达选择这部著作表面的焦点进行交锋，看样子不大可能是针对"整个的文化世界"。而且，传统的人文主义解释——"通过人类活动在我们人类的空间内产生"——在突然插入的"例如精神性的活动"中给出了一个维度，这一维度是不能解释的，尽管它据说是"产生它的源泉（它大概的原因？——引者注）"。这一意义或意思是不适用的或者说行不通的，是一个先前的意义，缺乏我们现今的人类、现今的"精神"活动给自己提供的表征。而且，在德里达看来，没有什么——没有任何的努力或意图——能使我们回到源头或知觉，理由是在符号面前根本就不存在一个确定的东西：起源或知觉的观念乃是指谓系统的结果，而不是其他的什么东西，不论我们如何界定那一系统。

胡塞尔在此似乎是认为那在人类活动的其他领域被掩盖的东西和几何学的原初观念一样容易被发现。只要假定所有的文化"形式"——所有的文化产品——也介入了"理想的客观性"

的生产。胡塞尔解释这一假定说：

　　某人在前给定形式的基础上生产的所有新形式采用的都是同样的客观性。我们注意到，这是一种"理想的"客观性。它整个地就是文化世界的精神产品，不仅所有的科学结构以及科学本身，而且——例如——文学的结构，都属于这类产品。但是，最广义的文学概念把它们全都包括在内了：就是说，它属于它们的客观存在，它们通过语言被表达出来（本质上，说文学作品是语言的，就因为我们不能脱离语言表达来想象文学——引者注），并且是一次又一次被表达出来；或者更确切地说，它们有自己的客观性，它们的存在是针对每一个人的，这不仅指它们的指谓过程，而且指它们的言语的意义（它们实际上并不是交流行为；它们的意义与它们在指谓行为中的形式是同一的，事实上，它们的指谓过程和意义都是为我们而存在的，而我们正是因此才能对表达它们的语言获得一个完整的知识——引者注）。在客观科学那里，这同样是事实，只不过是以一种特殊的方式：对于它们而言，作品的原初语言与它的翻译语言之间的差异并不能改变其同一的共通性，或把它变成一个不真实的、间接的共通性。（《胡塞尔的"起源"》，第160页）

对于某些读者而言，这种方式仿佛是从一个门把唯心主义的形而上假设踢出去，然后又从另一个门把它请回来。事实也的确如此，一旦我们明白问题的关键在于为所有向感性研究开放的自明（自我说明）的知识确立基础，并从这些基础出发重新激活"西方形而上学"的传统而不是废除它。但是，这一过程不是一种循环吗？正如罗德福·伯奈特解释德里达与胡塞尔的关系时说的：

> 在界定历史传承过程中形成的这一循环的本质方面，德里达超越了胡塞尔，因为他把粗心（"导言"第 36 页）、遗忘和隐瞒（第 105 页）、误解（第 82 页），总之一切的背叛表现看作是真正的传递过程中必然的部分。然而，这种不忠并非产生于我们的知识能力的某种基于经验的无能。它决定着历史传承的本质（读者可能会注意到，德里达在这一语境中并不反对使用"本质"这样的词——引者注），因而可以把它描述为是一种本体论的有限性。因此，历史传递既是保存，也是丧失，而还原研究既是源头的发现，也是它的隐瞒。（伯奈特，第 144 页；也可参见克里斯蒂娜·豪威尔斯，第 23 页）

如果说胡塞尔的解释自相矛盾，那它绝非偶然的，而是必然的

（尽管不论胡塞尔有何样的意图，他都不应该自相矛盾）。因为这一点，德里达以这种方式——亦即解构的方式——阅读的所有哲学家都有这种情况，关键不在于去批判哲学家个人，而在于指认出这一思维的自相矛盾图式产生于一次又一次试图在在场和存在的形而上学的基础上进行思考的符号自相矛盾的本质。

尽管在胡塞尔对文化产品的评论中出现了一种激进的重新定位，但我们似乎面临着那种保守的唯心主义的投入或授权，例如，这种唯心主义乃是 T.S. 艾略特在《传统与个人技能》以及别的地方的表述的基础［这大大得益于布拉德雷的唯心主义的影响，艾略特 1915—1916 年在哈佛大学写过一篇有关他的博士论文，不过没有答辩（《布拉德雷哲学中的知识与经验》，1964 年全文发表）］，这一表述针对文学的规范价值肯定了作者对整个西方经典的主导关系。胡塞尔从几何学跳到文学，这一跳跃非同凡响，但理解这一跳跃是重要的，因为胡塞尔此处的概念继承了文学理论的遗产（还因为它标志着德里达与胡塞尔之间明显的分歧）。

胡塞尔的"前给定形式"（德里达一般地用的是"书写"概念，一种可重复的记号）能产生一种"'理想的'客观性"的观点意味着，文学作品要赢得其文化地位，首要的是进入一个与其他语言活动（日常口语）②相分离的客观性的王国，这是一个理想的王国，在那里，作品的形式是第一位的，它决定着其表达的文学性。根据这一观点，那可称作"文类法则"的东西就不仅仅是那在某一特殊的文学作品中或作为媒介与某一特殊艺术意图相互作用的结果在形式上必将发生的东西的一般化。胡塞尔也不仅仅打算描述基于经验的阅读效果。毋宁说，"文类法则"（例如"前给定形式"）是以其所是的形态存在的作品优先需要的形式，这一"形态"或"文类"就是一种理想性，它独立于任何特殊的情形或特殊的创作活动而存在。结果，要判断某一具体作品的价值、它在某一文化传统中的地位以及它对这一传统的贡献，还有它对一般文化的贡献等，其准绳都必然要把作品的形式而不是其他可能相关的方面——如它的感染力、它所突出的那种道德倾向等——放在优先地位。否则，它就不是"客观的"。

大多数读者都熟悉现在有点过时的、想对"文学"和"宣传"加以区分的企图，这一企图典型地参照了这一形式上不关乎利害的标准：根据这一观点，一部小说就其"小说性"和与某一文类理想相一致的方面而言，它得到人们的好评乃是因为它通过把它的各个部分在形式上整合为一个整体而获得了一种理想的客观性，而不是因为它讲述了什么或者就人性的某一特殊状态说了什么，并且这一理想的客观性完全独立于美学的或伦理的感染力的任何单纯观念。（当然，胡塞尔从事写作之前就有人认为宣传本身就是有意义的文化产品，十分可笑的是，这一产品居然也声称自己具有某种"理想的客观性"，能构成一个自足的价值世界。就是说，它们能为解释世界提供一个阐释体系,就像广告那样,而不是为思考或改变世界提供动力。)进而,"前给定形式"有自身的理想的客观性,因此,例如,一个"情节"总是可以独立于其在某一特殊的阅读经验或某一类阅读经验内的具体化而存在。在文学理论中,这一倾向引发了对下面的问题的各种正反陈述,这些问题是:文学或阐释的"客观性"存在于什么地方,它依存何处(个人意识或先验意识、准先验的意义"空间"等),还有,在建构某一"前给定"形式的统觉或知觉的过程中,读者与文本的相互关系是怎样的。[参见,例如,大卫·古尔德诺普夫、约翰·普林斯顿、克兰、威廉·艾普森对亨利·菲尔丁的小说《汤姆·琼斯》的评论(诺顿批评版,第702—893页)。]核心(或者说接下来)的问题是所关心的这些东西中谁是第一的,这种优先性首先与对偏向的文化客体的甄别和介绍有关,其次与读者——任何读者——阅读文学作品时的经验程式有关。其次,这一"'理想的'客观性"的观念迫使我们去问"文学性"或"文学语言"是以什么而不同于其他形式的语言(因为文学作品的所有方面都是在某一"前给定形式"的传统中产生的,这一前决定因素仍然具有批评所谓的作品的"措辞"的特征)。最后而且最重要的是,这一特征不仅导致了判断的排他性,而且意味着这种判断的权威是由客观性赋予的,而这一客观性在现在是唯一的,且是以某一假定生活状态中的某些形式特征的历史表层为基础,因而是被决定的。这一传统不仅事实上而且形式上远离和防范着其他任何文化及其外在的"前给定"形式的侵犯。这一事实不是针对独个的"文学作品"而是针对语言或任何语言本身：它的"前给定形式"正是它所渴望的对象，是言说者成功地或失败地获得的对象，就像哲学家成功地或失败地获得表达的明确性和逻辑性。

在德里达看来，正如我们在前一章已部分地看到的，认为排中律（"非此即彼"）的原则乃是文类和形态观念的基础的看法是有问题的。一方面，混合的文类不仅是可能的，甚至有可能是十分规范的，而文类的确立只是一个历史现象（胡塞尔也承认这一点），因而现象与现象之外的东西之间的关系仍未得到回答。（语言言说中的习语和表达方式的混合也是这种情况，我们很难把言语行为的"前给定形式"说成不是历史的和传统的，尽管它们相对的客观性和看似直觉的观念——例如这种观念来自于形容词或主动词的秩序（句法）的排列——的关系似乎是直接的，而不是传统的。主观地说，言说者总倾向于相信某类东西既能自然地又能逻辑地得到理解，而有些就不能。）甚至在所言述的语词或短语或句子的层面上说，意谓和意义不相一致不仅是可能的，甚至是极为正常的；也许它们根本整个地就不相一致。例如，我们如何脱离无意义的言说、言说中意义和意谓可能的丧失去解释言说的意义？若是没有语境，言说如何发生，这不仅指正被表达的（但这样的话如何成为"理想的"？）意谓理想的客观性的语境，而且指不能对每一个可能的人类主体言说的现象的语境（一般人们都承认，尽管这一"一般性"本身可能就需要质疑）？德里达提供了一个有"意谓"但没有"意义"（没有一个可能的对象）的假定作为例子，即"圆是一个正方形"这样一个表述：[③]

> 它只是在它的语法形式容忍与那一对象的可能关系时才有意义。符号的有效性和形式并不遵循这些准则，就是说，它们并不承诺任何知识，它们只有在人们预先按照最传统的哲学习惯从作为客观性的真理出发定义一般意义的时候才被规定为无意义。否则，就应该在绝对的非意义中抛弃任何诗的语言，这种诗的语言违反这种认识语法的各种法则，并且不能被还原为这种语法。在非推论的指谓形式中（音乐、非文字的一般艺术），同样在"驱病符"或"绿在那里"类型的话语中，存在着各种并不指向任何可能的对象的意谓类型。胡塞尔不会否认这些形成过程的指谓力量，他只是否定富于意谓的表达形式的性质，亦即在它们与某一对象具有关系的意义上说属于逻辑的形式的性质。（假如这就是此处的例子的性质，那么"对象"似乎指的是物理对象，但事实并非如此——引者注）所有这一切就等于是承认意谓对于知识、思想对于客观性、语言对于理性的最初界限。（《声音与现象》，第99页）

从这一点看，这一具有"意谓"但没有意识目标或对象的表达的例子在德里达的作品中乃是一个重要的"关注点"（用的是贝纳斯科尼的术语，"超越人道主义的政治学"，第99页），因为这种"哲学"试图调整语言那无处不有的错误，并试图——用德里达的话说——保存（也许是不惜任何代价）逻各斯中心主义的遗产（因此，不可能存在更直接更一般的表达，以免我们滑向一种已经被积淀到我们试图获得一个反思它的角度的语言之上的语言中）。如果说德里达的观点是原创的，或者说能增添我们的知识（在为我们打开受到蒙蔽的领域的意义上说的），那他的作品依赖的是用新词去取代"原初语言"的积淀或者说逻各斯中心主义的积淀。"最传统的哲学习惯"是什么？为什么会这样？又一次，笛卡尔说：

> 因为在我看来，我的推理是以这样的方式相互推进的，即最后的是由最初的来证明的，这是它们的原因，最初的是由最后的——相互——来证明的，这是它们的结果。人们无法想象，在这一点上，我犯了一个大错误，逻辑学家称之为循环论证，因为是经验使得这大多数的结果成为千真万确的东西，我从它们推导出的原因根本无助于证明和解释它们；相反，原因的现实性是由结果的现实性证明的。（《方法论》，第90页）

笛卡尔不会怀疑逻辑或理性，形式的样板为思维的调节铺平了道路，同时，思维就是通过语言中介调节思维本身，这中介能够接近真理——语言与某一先验（因为没有任何证据且总是不在场）的客体的关系。另外，为什么会有接近、证明等观念？胡塞尔就是这样提问的。这不是要否认逻辑或理性的工具性，而是要把它看作工具，证明它的工具性。是哲学否认它的工具性，强调它（逻辑的或理性的）对存在的先验认同，这样，"最后的是由最初的来证明"。（这让我们又一次想起第一章讲到的结构的悖论。）

有一种真正的哲学问题吗？

在重新叙述西方哲学传统时，黑格尔认为它是基础的但又有限的前提或观点的表述取得一系列进步的历史。[④]这些表述导致了相似的进步的（如更为包容的和普遍的）僵局，每一个都被重新定义和重新命名的行为所超越，并最终达到精神与真理的实现。在实现的这一刻，符号的意味和它们的意义是同一的，对象和知觉也是同一的。胡塞尔力图确认一种方法（又一次）来完成这种实现，在实现的那一刻，"我们（集体的'我们'——引者注）能够对判断、评价和行动中的现实性采取自己的立场。"但是，"立场"其实总是被定位的立场，因此是首先被观察的东西，现象学就总是以此为基础来创造一个角度、一个语境、一个总是有限的地平线，以及差异。德里达并不否认定位的现象学意义，相反他强调这一意义，以反对总体化和普遍化的哲学冲动。但是，他也不只是否认这种普遍化的冲动，尤其是这一冲动正是我们世界中的一种想把地方化的话语、角度、传统和语言联为一体的倾向，是一种迫使我们或是在它们中选其一（使一个凌驾于其他东西之上）或是试图协调它们的倾向。实际上，他主要的哲学洞见与哲学家当中存在的洞察力的缺乏有关，这些哲学家在寻求理性或一般化的理论时的感性研究和他们自己的话语中的传统积淀不够严密和充分。在德里达与胡塞尔的相遇中，我们所遭遇的不是那种本土化的哲学问题的认同，当这类哲学问题是一连串的哲学问题且把有特色的问题等同于哲学时，认同才能被运用和解决。这些问题不会消失。相反它们本身总要积淀和连接到传统哲学的每一发展阶段，尽管是通过重新命名的策略。胡塞尔无法摆脱柏拉图，就像苹果离不开果树。他的"理想的客观性"——尽管来自"感性研究"——把我们带到了我们思想的地平线；但它们也意味着它们就是我们思想的"源泉"，因为柏拉图的理念据说就是思想的源泉，是思想的基础或根源。

人们认为德里达立足于哲学史并不是问题所在。他发现了思想的某些相同运作，决断的某些相同策略，正是它们使人能在或者/或者之间作出决定，但在试图确证感觉的合适的名称和逻辑时又失去了联系——仅仅发现了一种隐秘的省略或盲点。有些批评家抱怨重复性，胡塞尔在这方面可以说是其他哲学家的代表，他的证明就是对一切的证明。我们在这一研究中忽视的是德里达自己再次启用指谓游戏——以丰富的手法——的运作，这种游戏在手头的这些文本中常常被取消了——如在胡塞尔上面的文本中，柏拉图在《蒂迈欧篇》或其他地方的阐述。他对语言做的充分的说明，他在各种语言——他强调某些词汇是不可翻译的——之间的摇摆，以及因此他认为不能把文本的意义翻译为某一简约的同义，所有这些都是这一丰富性的证明。为什么要烦扰胡塞尔，如果他有错误？部分地，这是因为他的错误太严重，因此既是一种德行的证明，也是其实际的恶习的证明。（严密性并不能解救你，或者符号绝对被扩散、被向结构开放，被拆解或解构。）更一般地说，密切关注胡塞尔的写作或任何其他的严肃的写作可以使我们看到我们研究先验的模仿的那些点，尽管我们忘记了通向那里的路。

阅读海德格尔

一条没有两难的路是什么样子？——雅克·德里达:《论名称》（第83页）

（对于海德格尔而言，提问）并不是人们在拆毁先前的体系之后用来初步建筑某一理论体系的方法。不，在海德格尔看来，提问是每个人在心中不带有明确的目的向自己澄明思的一种方式或途径。这很像在新下的雪上滑出第一步或在密集的丛林中为自己开路。问和思不是达成某一目的的手段；它们是自我证明的。思就是在路上，这是海德格尔所喜爱的一个极其重要的概念。他的一般问题一直存在，这就是人类存在或人类与存在本身的关系；但是那路常常发生变化，因为他常常步入了小道和死胡同。他一直抓住的问题，他已经思考了，同时他在研究它的时候的灵活性倍受人们的赞赏，其中有些人甚至是他的批判者。——格兰·格雷为海德格尔的《什么召唤思？》写的"前言"。

我们已经说过，对于某些批评家而言，德里达没有得出一个结论和提出一个理论似乎是一件令人沮丧的事，除了在生产性的置换中的信仰理论之外——意义对意谓的置换，未揭示的未来对现在的置换（如在"结构、符号与游戏"的结尾提到的畸形），未来的民主对民主的置换（"这一奇怪的建制"，《文学行动》，第 38 页），还有文本和语境对修正、重写或重新刻写的开放。有点特殊的是，他似乎一直想回到某个文本，为的是前行而不是为了到达——他甚至想回到这样的文本：与从一无要求到言说或论述某一特殊作者的作品获得揭示的那些文本不同，这种文本很难以某种关注的秩序获得解释。也许有人能解释这种连续，也许不能。也许可以说，如美国哲学家理查·罗蒂，这一双重运动（从向后到向前）是浪漫主义的后期症状，也许不是（见罗蒂："论解构与实用主义"）。不管怎样，它似乎是由不想系统化、优先化或放弃思考文本的意图激发的。一个散漫的或强加的秩序显然已经是一个秩序，尽管随意性本身在系统中并非显而易见。但是德里达的回到和阅读文本（哲学的、准哲学的和文学的）的道路可能太具有一致性了，这一道路是通过"这整个的文化传统"给予我们的，并解构了我们先前对它们的阅读（如果你愿意，你就得承认经典的阅读，就得去质疑经典）。也许这一意图并不是要"把我们自己置于其上"，而是要把我们自己置于复杂的传统和写作中。目的是什么呢？

如果从一开始就可以说出我们要去哪里，那回到先前文化产品的活动就只是为了解释过去的话语并把它挪用做当下的话语——德里达似乎认为这一活动就是要使所继承的文本烦人的声音保持沉默，结果便是他表达的东西，即"无知无识产生了平静的认知，接着展示为本质的前提"（"Geschlecht：海德格尔之手"，第 173 页）——换句话说，那种学院式研究的知识、法律，或管理代码。另外认知又是什么？"还原研究"是胡塞尔用以表达激活某人所继承的传统的活动——为的是通过"感性研究"检验和确证它——的一种转义。这些研究的结果似乎仍属于主导的（柏拉图主义/笛卡尔主义的）传统，甚至可以说是某一唯心主义框架的转换或重新命名。当然，在对几何学和其他文化产品进行类比的时候，胡塞尔显然是把发展中的历史产品转换成了某个秩序和明晰性的静态的成果——尽管这些产品中有一些（例如詹姆斯·乔伊斯后期的作品）特别地是对那种幻觉和戏拟的挑战，但它们仍认为人们能够回到一种第一言语，并建立一个严格有序的谱系，即从那种言语到衍生的文化传统。回问并不能走上一条超越或超出言语再现的道路，因为那所意味的客观性在每一次回向的运动中总是在超越或超出。

　　与此类似的是马丁·海德格尔所表达的观点（和胡塞尔一样，这也是一位"德国哲学家"，1879—1976年，并且是胡塞尔在弗莱堡的小同事）。海德格尔力图与那种想界定或理解"存在"的本质的哲学保持距离，这种哲学使人能脱离我们已经在世的经验从第一原理（关于存在的陈述）推导出有关存在或人的本质的逻辑结论。在此，我们已经被抛到了物品之中，在我们开始行动和思考之前就已经行动和言述了，已经用一种特殊的语言表达了，这是每一个人在任何其他环境中也具有的相同的"现实性"状态（正是这一"现实性"建构着我们可能的选择）。我们只能在一种非我们创造的特殊的语言中且通过这种语言来思考和言说，因此我们已经在以一种媒介思考和言说，对于我们而言，这一媒介是（历史地）建构的，没有它，以揭示世界的方式描画世界就不会有所谓的角度或者说是从某个普遍的角度出发——尽管它可以从这一角度提供一个幻象。要思考这一努力，就必须与德里达称做"西方形而上学"的理性主义、实在论和唯心主义划清界限。不过，在寻求摆脱和动摇历史积淀的时候，海德格尔倾慕地称古典希腊语言是西方哲学首选的表达语言（对于德语，他更多是怀疑，而很少表现出像对希腊语那样相当的认同），这使得他和德里达在"结构、符号与游戏"、《单语的他者》以及其他地方挑战的种族中心之间结成了同盟。

如果我们无法提前知道我们所寻找的真理或其他客观性是什么，情况该会怎样？我们如何知道我们的语言是否成功地描画了世界，且不是以反映我们（个体的和集体的）投射到世界之上的东西的方式，不是以那在时间性上不够充分但却是基础的方式？如果我们在历史中的存在状态——我们的"本体论的限定性"，如果你愿意这么说——不能够提前（或先行）认识、预言或决断"人类存在"意味着什么，情形又当如何？也就是说，如果"成其为人意味着什么？"这个问题仅仅是人所面临的问题，情形又当如何？

那个问题可以这样来表述："追问并因此去思考究竟意味着什么？"尤其是，不要成为一架机器意味着什么？像或不像其他动物又意味着什么？使我像或是不像其他人的东西是什么？在强制或被迫中我如何能言述和思考？如果我既是提出问题的又是由我所提的问题塑造的，如果我对那些问题给出了暂时的回答，如果我在提问和回答问题的过程中选择（从可行的方面）了一种语言形式，情形又当如何？如果说胡塞尔试图解释无时间性观念是如何进入历史的，那海德格尔则是想问我们是如何把历史性——人类的自我创造和文化创造的投射——理解为是已经被抛到自我创造和文化创造过程中的存在，且不是独立地，而是永远和在任何地方——用一个他所喜欢的词说——以"在路上"的方式。上面的这些问题本身都是笛卡尔式的。在《方法论》中，笛卡尔说，人们可以想象一架能"发出语言"但"不能以各种方式安排语言以回答在其在场中被言说的一切感觉"的机器（第 74 页）；还有，人们也可以同样的方式想象一个人或某种人类存在，他把理性当作"任何场合都有用的普遍的工具"，它使我们能够采取行动，而对于一架足够复杂的机器而言，"要使它在生活的一切场合以和我们的理性相同的方式发挥作用"，这"在道义上是不可能的"。（第 74 页）海德格尔的例子可以说（在有关文字和图形语言的常规假设内）完全是隐喻的：

○ 一个衣柜匠的学徒，也就是学习去制作衣柜之类的东西的人，在学习时并不只是在使用工具中达到得心应手，也不仅仅是要熟悉关于他要制作的东西的流行形式。假如他要成为一个真正的衣柜匠，他首先得熟悉各种不同的木料，以及木料中蛰伏着的与料相符的形象，熟悉木料如何以自己的本质的尚未敞开的完满突入到人的栖居中去。事实上，这种对木料的关切即是支撑着整个技能活动的东西。没有这种关切，技能就不过是瞎干。这类活计只能由这种操持来规定。任何估计，任何人的活动都一直处于这种危险之中。诗与思一样，也是为它所把持，在所难逃。⑤（《什么召唤思？》，第14—15页）

我们可以把思理解为是对世上的某物的关切和责任，这某物总是处于在其自身的专家和"设备"中丧失自己的危险中。何谓处于失去自己的危险中？"敞开"或许是一种回答。所谓"敞开"，就是"不顾一切地倾心于亲自向思吐露——也就是赋予思以养料"。（第17页）但是，在我们的历史境遇中，"对我们这个最激发思的时代来说，最激发思的是我们尚未思"：

我们尚未思的原因既不仅仅是，也不首先是我们这些人没有全力以赴地转向那真正给予思的东西。原因在于那最激发思的东西从我们这儿扭身而去，而且是早已从人这儿扭身而去了。以此方式抽身而去的东西仍然保持并伸展着它自己的无可比拟的临近。（第17页）

而不是通过符号将我们的路追溯到原始的知觉和存在（胡塞尔的转义）来构成思，海德格尔指出，思的发生只有当"我们被传召到这抽身而去的东西的身畔"的时候，苏格拉底之所以是"西方最纯正的思想家"，就因为他一直处于这一抽身的"传召之风"中："这也说明了他为什么没有写下任何著述的原因。因为一个人一旦着手去把思写下来，就不可避免地与那些在强烈的召风吹来时遁往避风之地的人等类了。"（第 17 页）因此，文字符号（也许还有口头语言吗？）似乎是思的克星，因为它追随那抽身而去的东西；一种试图把自己拒之那召风之外的写作——在此引入"存在"可能太危险了，但我们或许可以说"不论应召何样的责任和关切"。无论如何，语言和其他符号对控制意识在场的所谓屈从本身被海德格尔推翻了，他说："就人的这一本质来看，他是从自己本身来指明的，我们把这称为符号。被召向抽身而去的东西成为人之根本就已经表明人是符号。但是，既然这符号指向的东西已抽身而去，所以与其说是指向抽身而去的东西，不如说是指向抽身而去这回事。这符号是没有解释的符号。"（《什么召唤思？》，第 9—10 页）

显然，这些隐喻和它们之间的关系几乎是自相矛盾，表达了哲学常常认作思的东西（或者我们通常称作思的东西的某一方面），亦即逻辑和推理的一个反题。而且它尤其是现代哲学关注的技术和技术问题的主导的反题。不论对笛卡尔的当代阅读能在多大程度上把他所运用的"理性"一词仅限于合理性（也不论笛卡尔的"理性"能在多大程度上成为更有活力的东西），海德格尔的思都出人意料地和决定性地转向了字面的逻辑命题无法确定的东西。

德里达对海德格尔的兴趣以不同的方式表现在他的论文和讲演中，这些论文和讲演关注的是海德格尔的思的过程，通过这种思，我们可以小心地向非公式表达的某物召唤关切和敞开的意义或本质，这需要隐喻和矛盾的表达：它们是如此之多，以至难以确定德里达试图说明的东西留下了什么（如果有的话），在哪里开始的对海德格尔的一般批评（如果有所谓的一般批评的话）。（在德里达的著作中，有对海德格尔在1933—1934年任弗莱堡大学校长时，可能还有其后与纳粹主义的关系做的简短批评。）尤其是，与对待其他哲学家相比，德里达的海德格尔研究似乎是对海德格尔的罪行的辩护，是海德格尔所启用的话语的完成。因此，我们在此的兴趣是要看一下海德格尔在德里达那里是如何产生影响的，这一影响最终不能脱离解构哲学的活动，且应置于西方形而上学领域的内部来理解，但既要入乎其内又要出乎其中，并将它看作一种原文本或已经德里达思过的文本。

《论精神》

要把这一研究与本书的主题所必然包括的其他分支主题

结合在一起，我们就必须考察一下德里达和海德格尔就"精神"概念提出的一个问题，德里达在《论精神：海德格尔及其问题》中思考了这一问题。在前面，我们长篇引述了胡塞尔的一段话，在那里，他论断说，非仅仅因果地产生的形式（就是说，不是迫于实际行动，或者说物质现实的重新安排）是"在我们人类空间内通过人的活动产生的"。他进而把这一过程定义为是精神的，并对他的陈述进行了论证，虽然他认为，"尽管我们一般地对特殊的精神的起源和使之发生的精神源头一无所知，或者说是根本就不知道。"不过，在此他也声称，"这一知识的缺乏无所不在，并且它本质上是一种暗含的知识，因而可以被说明，成为不容置疑的自明的知识"（《胡塞尔的"起源"》，第158页）。如果真是这样，那它究竟在哪里，是如何如此的？我们所谓的精神性的语言意味着什么，我们所说的总是能澄明和依据自明而产生的某物指的是什么？哲学史证明了"不可见物的证据"这一短语的双重意义。例如在笛卡尔那里，结果是原因的证明，尽管原因是不可见的；并且一般地，几何图形可见的表现形式可以看作是不可见的——在任何地方都不可见的——思想的证据，其与任何特殊的表现形式并非同一的。但是不可见——对现实或存在不可见的方面的感觉——本身也是一个证据；正如德里达常常指出的，不在场可以说也是一种在场形态，是在场的证据，只不过这证据是缄默的。海德格尔在《什么召唤思？》一文第一部分的结尾指出，这一悖论或倒置可以这样表述（这让我们想起亚里士多德的《形而上学》993b）："存在之存在是最明显的；不过，我们一般看不见它——即使我们能够看见，那也要费尽力气"。（第110页）

在此我们发现了我们所讨论的德里达和海德格尔相互的"关注点"。胡塞尔的写作就像是那个副词"精神地"，尽管他承认我们"一般地忽视了"它所指谓的东西，亦即哲学中所说的"实体"——这种"东西"尽管我们不知道它的直接性质，但从它的效果中可以看到它。（这又一次让我们想起笛卡尔在《方法论》中所说，"那最后的是由最初的或者说它们的原因证明的，而最初的又是由最后的亦即它们的结果证明的"，《方法论》，第6页。）我们缺乏实体的知识，这并不会改变它的存在，它是可以发现的，并能"不容置疑地，自明地"呈现自身（例如它的效果就是证明）。⑥不过，奇怪的是，它没有被展开证明。一方面，对于我们所说的意思，明显地缺乏证明。把那个论断和证明缺乏放在一起看，就能——也许是应该——向我们提出一个问题，即我们如何肯定，我们的肯定是否有理有据；我们用"精神"指涉一个其存在自明的实体，因此，我们是否能根据它的活动、表现或在场确定那个实体。如果"精神"指的是某个可以确认的、独立于各种隐喻的表达——风、火或你能说出的别的什么东西——所传达的不断增殖的（用胡塞尔的话说，"积淀"）意义的东西，那我们可能会对此感兴趣。我们也应该对此感兴趣，即精神性是意味着统一性还是差异。在传统的指涉中，在几乎所有的用法中，精神性指的是一种先验的实体，精神的话语是另一个让我们感兴趣的东西。"精神"作为一种先验的东西（一种存在模式或类别，整体性可归之于它的结果）要以"存在"作为前提，存在要通过它来表现，存在是"精神"或者说存在模式的基础——例如在一个可能的"物理的""心理的""精神的"系列中。它不是一系列语义效果的场所，而是不同存在真实的和统一的基础。［在此，尽管说的是"存在的基础"，但我们回避了神学（存在的基础如何存在？）和德里达在《论名称》中思考的问题。］如果真是这样，就有理由对胡塞尔说——或者至少有这种可能性——"这整个的文化世界"并不只是反映（无穷尽的）人类感性经验的人工产品的集合（就像反光镜或回响室，例如霍布斯在《利维坦》第一篇第二章和第三章或莱布尼茨的单子论中所描述的），而是超越了时间和空间的特殊性的整一性的存在（就其是精神的而言）。

这似乎是在复辟德里达费尽心机要质疑的形而上学。海德格尔把胡塞尔的叙事（追溯到符号、表达，以把握某人自己的知觉中所表现出来的东西）重新表述为向前寻找/创造一条我们必定要"经过"（向前/向外退出，也就是存在）的道路，这一表述使那一问题复杂化了——尽管并没有放弃——这个问题就是：在其一般性中，我们称作思的东西，我们似乎在寻找的东西，同时也是"精神"的阈限或边界（以及相关的方面，如英文中的"幽灵"）所确认的东西，究竟是什么？

在"精神"的问题以及对"精神"的质疑中，对于海德格尔而言关键的是什么，并因而对于德里达而言关键的是什么？它如何把"这一问题"与作为"符号"的"人"（亦即另一个问题）联系起来？

"精神"的问题（和对它的质疑）引发了——如同"存在"的问题一样——一系列相关的问题，我们只能考察其中几个：（1）语言、阐释与翻译；（2）性别、种族性、民族性、种族、人民、人性；（3）宗教。简短地说，这些相关的问题是：

语言。如果有某个现存的东西或存在模式在某一语言中偶然被称做"spirit"，而（例如）在另一语言中被称做"Geist"，在第三种语言中又被称作"pneuma"，这时：（1）或者把一种语言翻译成另一种语言的过程中出现的各种意义变体只是偶然的，而在指涉某一东西的意义上说，不论这东西属于一般性的哪一层次，我们指谓的都是同一个东西，正是这使得翻译得以可能，且只有极少的偏差——这让我们想起了亚里士多德的那一定理，即所有的人都有同样的观念，尽管他们用以表达观念的语言不同；或者一种或更多语言（自然的或人工的）更有利于抵达真理和存在；（2）语言创造和差异只有紧密地联系于经验的科学发现（例如新发现的化学元素、物理实体或行星等的命名），才能（正如洛克所说）有助于娱乐或欺骗（《人类理解论》，第三卷第十章第34小节）。但是，如果不同的语言以不同的方式描画世界，且没有一个参照点能涵盖和限制意义（一组观念或理想性是所有语言的所有言说者所共有的，或者更充分地说，是一种或多种语言共同拥有这组观念），这时，翻译（包括解释）在实践中和在理论上说都是复杂的，因为每一话语片段——从语词到短语到句子等——的意思都要通过一组可能的关系为参照，这些可能的关系原则上与任何单一的言说者的掌握无关。因此每一个翻译或解释活动（解释是意义的翻译，从一个语境到另一个语境，从一个一般化的层面到另一个一般化的层面）都是一次挪用（误用）行为。对原初表述的意义和意谓完全再现的目标也许能成功，也许不能成功。这不仅是是否有必要说每次翻译或解释原则上就是质疑或修正的问题（当然是这样，通俗的意义上说，人类是无法完成翻译和解释的代理角色的），而且是翻译和解释原则上是否可能的问题——在完全领会"原初"表述假定的意义或意谓或者说理想性的意义上说的。这里的根本问题就是，能否说任何文本的意义或意谓完全是自明的，其意思也就是说，它能否被充分地实现、表达和限定（因为语境的变化并不能对它有所修正）。在海德格尔看来，这是"遮蔽"的问题。正如我们对任何现象的看法都假定了一个角度，因此也就有了一个盲点和盲视，对于语言也是如此。在德里达看来，这是不同名称的问题，亦即他最为有名的"异延"的问题，因为语言行为绝不可能在一个纯粹的、独立的当下发生，也不可能在一个绝对完整的指涉框架或言说语境内发生。（这并不是说，正如他已经说的，在语言行为中不存在任何意义或意谓，而是说，这些意义或意谓不可能理想地发现，不可能相互直接一致，而总是会被延搁，并且是在生成过程中，针对不同的意义或意谓。见"署名、事件、语境"，第19—21页。）

性别、民族和种族。根本上说，唯心主义或实在论的思维——（简单地说）它坚持认为符号与理想性或实际存在是一一对应的——也在文化上有助于使性别、民族或种族观念成为一种先验的观念，以至于男性、女性这样的术语（尽管在社会中的文化差异与各自的气质有关）也指谓着某种相似／同一和差异的范畴，这些范畴排除了它们之间任何的跨越。类似地，这种话语也存在于民族和种族认同中，这些认同或者是先验的，或者——如果你愿意——是"准先验的"（如在有限条件下的功能）。这种思维——我们全都是它的继承人——使得纯粹口头的推理居然成为非口头的和非语言的权威。正是因此，在海德格尔和德里达看来，"精神"一词的各种变体是有问题的。某一时代的读者会回想起对"zeitgeist"一词不加思考的运用，即这个词在一代人或更早的人（最近在文化研究中又重新启用了）的伪知识的（或社会学的）讨论中指的是"时代精神"。对于经验性的思考（如社会学家）而言，这个词可能意味着在某个给定的时间地点的思考相互影响的倾向，它与某种思想堕落到用具体的思维公式重复来取代思考并非没有关系。对于其他人而言，这可能意味着某一既是本土的又是先验的同一性的生产和参与，不论这是不是某一国家如德国或美国或别的某个国家——它称它的核心任务就是要建立人类同一性——的民族思维。不论这种同一性是不是会随着国家的改变而改变（例如从德意志民族到某一原始的德国同一性，再到德国同一性，如此等等，也许最后会变为欧洲同一性甚至人类同一性），它一直是同一性范畴的参照，根据这一范畴，个体实际上是那一理想分类中的个体。而且，它还能使某人赞同某一特殊阶级成员或某一类人奔向某个与存在和真理同一的精神终点的理想。我认为，我们已经看到德里达有多么关心他所谓的认同与身份的合———也就是以这种方式成为真正的法国人或德国人而不是法国认同或德国认同（尤其是在《单语的他者》中），后者正是那种本质主义的思维模式的一部分。解决这种本质主义简便且政治上正确的方法就是到世界上走一遭，讲讲"如此如此认同"这类的话，尽管这个明显累赘的短语会使类似的陈述看起来特别像是真实的——在此情形中，我们必须问一个真正的角色或认同作用究竟是怎样的。为什么我们自己不是非精神的？因为经典地说，精神似乎指的是人类的某种不同的品质。德里达——也许不太严格——论及海德格尔说："精神……形成了一个非物的系列，人们一般地想要反对的那种物的非物系列。它根本不是允许自己被物化的东西。但是只要人们通过物来理解的存在（在此代表着海德格尔的思——引者注）未在本体论意义上得到说明——笛卡尔和胡塞尔或别的人显然没有说明，他们要求我们不要物化主体、心灵、意识、精神、人——这些概念就是有问题的或者说是教条的。"（《论精神》，第 16 页）精神，不论它是什么或不是什么，标志着一种可能性，即不是把人的生产当作一种蜘蛛网式的、经验的或遗传的结构，而是把人的结构当作能够向自己、自己的存在、其思维和行动的基础提问的东西。但是它在别人那里也能够——在认同某个民族或种族的过程中——被剥夺掉，为了压迫而不是自由的目的。

宗教。"精神"当然仅仅是指西方或亚伯拉罕的一神论宗教传统中上帝的先验存在（上帝作为存在）的属性——或者更确切地说，它属于这一主导传统，属于在思考中对这一传统的解释——尽管它也可能是这一传统内其他存在或别样的存在的一种属性。就此而言，根据前面刚刚提到的逻辑，它乃是"非物性"的一个方面——在我们看来，"笛卡尔和胡塞尔"都未对此作出说明——因而仍是"有问题的和教条的"。在这一同类／异类（希伯莱—基督教—伊斯兰）传统的运作中，它被武断地或仪式化地生产出来，并且如果根本上只是在讲道中或是在非正典的写作中，它就会受到质疑，因为人们认为经书不是理性沉思的产物，而是灵感和直接启示的产物。在别的地方，在"人文科学"中，也就是在那种依据自然科学的模式去经验地解释文化现象（把知识建立在知觉的基础上）的人文科学中，它被看作对事件的某种状态——社会的、政治的、心理的——的信念，同时典型地被看作是对经验原因的结果的一种误称。在德里达看来，这种宗教传统具有把问题呈现给我们的美德；局限于经验的人文科学的传统，不论它有什么别的美德，根本的缺陷就在于压抑、忽视或否定人的非物性——它看起来是希望去解释"人"，而实际上只是在其物性的基础上解释它。这一点为什么如此重要？根据德里达的理解，在海德格尔看来，"根本不允许自己被物化"乃是区分人与石头和动物的基本特征。非物性确切地说就是使人异于其源头的东西。这样，源头，例如某一种族的源头，总被归于——被称作、一再被称作、被否定或服从于某个决定和选择行为，不论在历史或经验中它有多大的"真实"（例如遗传决定的），同时，它也是把善恶问题——不仅仅是创造和破坏——带进世界的根源，作为一种现象，这一问题超越了"善"常规的哲学经济学。德里达对经济学（例如那种赠礼的经济学）和某种僭越或超出常规的行为的经济学——例如亚伯拉罕牺牲以撒的行为中表现出的经济学——的兴趣使得他必须应付我们这样一种必然的认识，即"非物"的某个东西似乎就在这些僭越或超出常规的时刻出现。不论某一行为是善还是恶，或既善又恶，任何决定都必定是由某些特殊行为组成的，例如亚伯拉罕。但是亚伯拉罕的这些特殊行为在某些人看来只能是这样，而在头脑极其简单的读者看来或许只能是另外的样子。在某一意义上说，它是"畸形的"，因为它描画的空间超出了任何善恶图式或交换的理性计算。（这让我们再次回想起"结构、符号与游戏"结尾处使用的那个比喻。）在一定意义上说，"宗教"意味着一种传统，它总是"在仅仅理性的范围内"向人提出"人"的问题（德里达和瓦狄姆，第 14 页），在那里，实际上，我们每天都面临着以这样或那样的话语作伪装的畸形的危险，它仍是重要的传统，不论历史如何为其命名。有人可能会说，正是在退却的东西退却的地方，宗教得到了确证。

即便德里达在《论精神：海德格尔及其问题》中对海德格尔的讨论代表着他对精神问题持久的兴趣，其目的也不是又一次综合海德格尔（或胡塞尔）或修正海德格尔，以便创造出一个新的哲学综合或在某一关于存在的哲学内对术语重新组合。事实上，它提出了两个重要的告诫性的主题。首先，而且对于德里达而言是富有特色的一点，他关心的是把任何特别的语言或某些语言看作是通达"真理"或"存在"的首选媒介（第 68—72 页），以及与之相关的形形色色的种族中心主义问题（见《论精神》第七章，第 120—122 页）。其次他关心的是试图把所谓的西方传统的综合［海德格尔也指出过（见《论精神》，第十章，第 138—139 页）］、历史与文明的跳跃性进步，或别的什么东西的跳跃性过程以及整体性等结合为一，以及试图返回真正的思考之路（不仅仅是逻辑的论证）即反观性的思维方式的结合。对于"思"而言，如果它就是要与论证的程序区分开来，如果它是想取代以前而不是像逻辑论证那样整体地参与到自身的进程中这样一种过程，那它就不是可编程的，而思维过程（或话语）的配置在展望中与在回顾中并没什么不同。

　　在此，在重复德里达谈到他对海德格尔的理解的言论时，我们可能会想为理解他（德里达）的选择找到一个起点，即用"道路"的隐喻去描述思。往后看，我们就能看到：

　　　　海德格尔的旅行穿过了、构成了或者说离开了某个层面，这个层面直到现在还几乎是不可见的、细微的和几乎不可感知的——在马丁·海德格尔那里和在任何人那里一样。在其稀少性、不稳定性或过分的决断中，这些层面在事件之后是明显的，一定程度上说，它们重新结构了一个空间。但是它们这么做只是通过指派新的任务给思想和阅读。尤其是，在我们在此所关心的例子中，它恰恰是责任心的源头这个问题。（《论精神》，第 132 页）

任何不能把人引向某种两难或这样一种认识——那路已经堵塞了，或某人在决定的时刻是迷失了自己的方向——的思的活动，任何往前往后都自明的思的方式，当是这样的，即它只能复述那已经被思过的东西，而对于那未思的，且总是存在于思的身畔的东西只会去压抑。

　　在试图理解"这整个的文化传统"的传统，包括有关精神、上帝、存在等的话语的过程中，在从一个根本上非认知的立场——这一立场与学院的琐细的系列可能意义与非意义是结合在一起的，但它到达的是一个两难，是那道路中的一个裂口和一种无知无识的状态——理解这一切时，德里达时常被归到了"否定神学"的实践者的一类。在否定性的神学家看来，对上帝和存在的谈论根本不能是隐喻的、比喻的或象征的，因为——在大多数神学家看来——这种谈论在历史上总要借助于言述先验的东西，且是以凡俗的术语；而实际上，这种谈论有人称为是反讽的或格言式的，其言述不是根据其所是的东西。因为如果上帝（以及存在和精神）整个地是超越性的（不是内在的），那么上帝必定整个地不同于那所是的或存在的东西。⑦这导致了对新约的某种富有特色的阅读，例如在那里，为维护经书的真理性，不惜说它言述了一切，在那里，耶稣的某些训言的微言大义变成了他所有的话都是微言大义，因为它们全都成功地以准确的意谓言说了其所未说的意思。即使在它表述不甚成功的地方，这种解释模式和信仰模式是这样来理解"人若不重生，就不能见上帝的国"（《约翰福音》，3.3）这句话的：在那里，耶稣说的与拘泥于字面意义的尼哥底母所理解的（他的意思是肉体的重生实际上是不可能的）完全不是一回事，但也不是一个象征的反面（例如以超出肉身的存在模式重生）。实际上，在否定神学的传统中，这话的意思传达的不可能是某个理论上可知的东西："重生"（尤其是在公元一世纪的语境中这完全是一个新词）确切地说是一个转义，或者说是人们在理论上期待的东西的反面。

尽管德里达对各个不同传统中的否定神学如梅斯特·艾克哈特——他只以否定的方式谈论上帝和精神——的宗教作家表现出浓厚的兴趣，但他否认自己认同否定神学。在他看来，每一种言说都是一种肯定行为，它优先于其语法—逻辑形式的规定性——不论是肯定的或是否定的（相对表面的方面⑧）。为提问打开空间的东西是这样一个问题：那被断言的东西是什么，那在断言的东西又是什么，对谁。又一次，我们回到了亚伯拉罕和以撒的故事（"我在这里"，《创世记》，22：2），（有些东西）能逃脱言说的规定性，这有赖于其他言说和断言无休止地获取意义的可能性，但它不可能以它们来结束，即所有以一种意义汇聚在一起、但其自身总是被延宕的东西——在一个延宕的允诺中或在一个未来的意义（规定性、封闭）中，那才开始的句子、动词和言语不可能有终结。

人必须有了裁断工具才能裁断；必须有可观察的感官或工具才能观察；必须已经有了有限和可计算的东西才能计算。那是知觉的领域。但是人不能先行决定什么是裁断的裁断。就哲学把它的目标设定为仅仅在理性的范围内——也就是在它已经描述为具有存在与意义的可能性的东西的范围内——论断可能的东西而言，它当然能成功地做出这样的论断。但这其实就是把思想刻写进已经获得的知识和知识的范围内。它不会给人们判断和评价它自己的运作模式提供机会，除非是为了修正针对其自身的某一系统。因此它既非真正地批判的，也非真正地向发现和创造开放的——向思想所孕育的、还未成为思想的东西开放。简言之，它没有考虑到能指的自由嬉戏，这种自由嬉戏总是偏离中心或者说意识假定的目标。在此我们也许会说，德里达写作的目标并不是要写作这个意义上的哲学，而是要阅读和介入哲学，以复活这种自由嬉戏。又一次，杰弗瑞·本尼顿对于解构我们自己禁止的对"阅读"的理解可以提供帮助，他说：

　　任何文本都不能使对它的某一特殊阅读成为必要的（法律文本可能是这里最清楚不过的例子：法律试图排除任何不同于立法者"意图"的阅读，它强行把这种阅读看作是唯一的阅读，但在某些特别的文本努力中显露了这一目标是根本不可能的），但同样的是，任何文本也不能把自己交给任何阅读（就对它的阅读而言，没有文本是绝对不确定的）。文本必要诉诸阅读，它召唤阅读，但不是任何形式的阅读，它只向某一本质的方面或一种本质的自由开放，这一方面恰恰是使阅读成其为阅读而不是消极的移译的东西。根本不存在阅读惯例和阅读建制（例如，根本不存在精神分析的、神学的等阅读传统——引者注），根本就没有这种开放，没有对这种开放的永

远开放（解释学乃是封闭这种开放的梦想。）（《阻击德里达》，第 36 页）

又一次，我们看到德里达的阅读带有一个意愿，就是想复活那种怀疑和抵抗的意识，以为解释亚伯拉罕和以撒的故事做准备，这一解释摆脱了解释者的控制，他以某个解释学的代码说，这是一个理性的信仰考验（由谁？为了什么目的？）的故事，也是一个质疑它的展开的故事：上帝的亚伯拉罕听到了谁的声音，那声音说了什么？在什么样的意义上，如责任感、善、恶意和恶，或这些东西的缺乏，他上前去杀害以撒？不论人们是意识到还是没有意识到，知道那要来的允诺意味着什么？理解这一故事，常常是在另一种语言并肯定是在另一种文化环境中，而不是在那记下的语言中。我们可能相信这样一种信念，即某人打算用它说什么（但是是谁？）——某个在这里没有证明其阅读意图的人。还有似乎根本不存在第三方——除传统的权威之外——我们所能求助的调停者。但是如果我们的阅读是反传统的，并且当另一种传统介入要改变我们阅读那故事的方式时，情况又当如何？从什么时候这个传统开始作为传统存在？它与自身的关系如何？

这一故事对于犹太—基督教—伊斯兰传统而言是至关重要的，它也是那一与超验物的相遇的图式化——亦即那在存在的逻辑内抵制公式化的正义与爱的经济学，因为它又一次插入了一个断裂的和双重化的符号来超越那逻辑。替罪羊使那主体摆脱了死亡。这与它（作为一个符号）所替代的东西不是一回事，因而它开启了一系列的替代，这些替代是差异的重复而不是同一的重复。简单地说，那公羊不是以撒。不论我选择什么样的行动，它都不是别的什么行动，它是通过与其他行动的某种差异关系而获得自身的意义。因此这个"意义"有赖于那必然地未被揭示的——不能"交流的"——并在原则上总会被揭示的东西。因此它意味着一种冒险，一种超出了有限的、可计算的、但对于我而言是当下的和可行的范围的冒险。"一旦我说我从不和不再是我自己，我便成为了唯一的和独特的。"（《死亡的赠礼》，第 60 页）但是甚至在我把自己托付给语言之后——对此我别无选择（因此"我被托付"和我"已经托付自己"是一样的⑨），我仍处于一种差异关系中，这是与任何他者的差异——在此，关键的是与先验自我或意识的关系。暂时地，问题不在于我与每一个他者是同一的，我通过语言的功能命名某个我的存在。那个"我"把我置于游戏中，但不是作为一个有限的、可决定的存在的抵押品——这个存在先于且决定着我的存在，它不要求我表达或者是被迫表达我所说的唯一意义——毋宁说，它是通过语言打开了介入和应答关系的可能性。它就是那可能性，它质疑那所是的物，允诺那"所不是的物"，我们可部分地援引——可能是嫁接——保罗给哥林多人的第一封书信（1：26—31），这封信和亚伯拉罕的故事一起在德里达关于精神的话语中发挥了至关重要的作用。

注释：

① "思维者自身的立场"这一提法在此是有问题的，因为"思维"在这一哲学语境中既是非个人化的，也是超个人化的。在先验现象学或哲学唯心主义的情况中，"我"或"自我"顷刻就会变成"那个"或任何我或自我。

② 这给逻各斯中心对待言语的矛盾心理提供了一个很好的例证。如果说言语比写作更多自发性，那它就不大可能考虑产生理想的客观性的前给定形式的实施；这表明有必要更认真地思考理想的客观性观念。

③ "圆是一个正方形"或许是有意义的，它在某一特殊的言说语境或指涉框架中指向某一对象，因为它有可能是一个省略的表达。那个连系动词可能省略了一个更为复杂的描述："你见过在城镇中心的那个圆圈吗？""那个圆是一个正方形。"这不是否认而是支持德里达的意思，因为意义和感觉在"诗学的"（"非字面的"）省略机制中仍是分离的。见德里达在"署名、事件、语境"中的详尽论述，《有限公司》，第 11—12 页。

④ 也许"论断"要比此处的"前提"或"观点"更为准确。读者可以暂时跳过这一过度浓缩的黑格尔观点。

⑤ 在此注意，与上面讨论的胡塞尔所说的文学价值的标准相关，这是另一种不同的标准。如果胡塞尔所说的价值指的是文学传

统作为传统的创新和重建（就像艾略特和同时代的其他英美文学批评家所说的），那么，海德格尔说的就是制造者——作家或诗人——与他或她的材料（语言）的关系，这类似于"对支撑着整个技能活动的木料的关切"，而这一关切是通过完全独立的运作从某个单一的传统预示出来的。

⑥ 再一次，这个典型的例子（它实际上——如果是真实和确定的——不只是一个例子——它就是它自身）是上帝给亚伯拉罕的指令，它与哲学无关，因为亚伯拉罕并没有研究和考察这指令是什么：它是自明的，当然，"我就是我所是"这一自明的称述也是亚伯拉罕的宗教传统。

⑦ 哲学地说，特殊的、臭名昭著的（德里达并不反对理论的丑闻）宗教传统把上帝的表征看作内在的和超越的，甚至以转义的方式强调每一方面自发的绝对性，而不在存在与非存在之间先行作出决定。

⑧ 之所以是"表面的"，就因为人们能根据语法和逻辑来断言一个否定或否定一个断言，在表层的意义上说，这并不能言说那实体的或实际的否定。一个否定的陈述仍是对一个命题的断言。

⑨ "被托付"和"托付"这个既积极又消极的行为重复了基督圣餐式的结构的双重性，基督被人出卖，于是把自己交付给死亡；而亚伯拉罕的行为则具有一种模糊性，即他既行动又服从。

4

On Derrida ——————— 言语行为理论与实用
主义：英美的碰撞

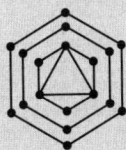

我想要强调的正是这种可能性：脱离与引证式的嫁接的可能性，这属于每个记号、言述或文字的结构，它构成了在符号—语言交流的每一个视界之前和之外、在文字出现之前书写的每一个记号；在书写中，就是说在书写功能的可能性中，它在某一方面与它"原初的"言说某个意思的欲望和它介入的具有渗透力和强制性的语境是相割裂的。每一个符号，不论是语言的还是非语言的，也不论是声音的还是文字的（在这一对立面流行的意义上说的），是小单位的还是大单位的，都能够被引证，置于引号之间；在这么做的时候，它可能会与每一个给定的语境脱节，并以绝对不可限制的方式产生出无限多的新的语境。这并不意味着记号的有效性可脱离语境，相反，它意味着只存在没有任何中心或绝对的停泊地的语境。

　　——德里达："署名、事件、语境"（第 12 页）

○　　　　　人是符号。——海德格尔:《什么召唤思？》（第9页）

　　如果说胡塞尔和海德格尔代表着欧洲大陆的某种思想传统——这一传统一直希望按照传统的理解来界定和统摄哲学，即把哲学看作是通过语言和符号寻求存在和真理，尽管其所揭示的总体意义总是被延宕——因此他们也代表着那一传统必然的不完善。即使他们不是最后的，他们也是最后中的一员，即试图不仅界定如何运用语言，而且想通过语言或"思想"去发现本质或自明的存在或现象的本质。而且他们还是最后想把存在的知识建立在个人意识的知觉确定性上的哲学家，这种个人意识与已经遗失或被遮蔽但可以被再发现的存在的统一性相联系着。[①]在德里达看来，海德格尔是这样一种哲学家的典型，这种哲学家冒着被遗忘和被误导的危险（在承认他的困境时），既没有依附于经验主义和知觉，也没有依附于理性主义和演绎逻辑。在他们的反思现象学中，他们批判性地或者说并不彻底地继续着笛卡尔的传统，因为那传统并没有终结，如同形而上学没有终结而只有老化一样。那传统走到了死胡同，如同一般哲学一样，它总想证明这样一个假设，即严密的符号研究——在德里达看来，"书写"是一个具有包容性的概念——会导向对明显的先验之物（存在）而不是语言或符号的整体理解，即使它们抓住了这个在场而不是把它看作一个总是逃避的非在场。如果——从一开始就不确定一个概念范围这样一个根本的立场看——真的存在一个"无限定的新语境",那么反思性的、想发现一个可绝对地停泊思想的真理——一个不变的存在确定性——的努力,从那里所有其他的真理将不规则地流动(没有断裂、嫁接、引证),这样的努力就像梦想把一切都放到一本"书"中——法律、名录、末日审判书。

如同德里达对欧洲大陆的这一传统的阅读使得有人认定他是在传统内部反传统(例如极端的唯名论、虚无主义或否定神学),同样它也使得另一些人称他是英美学院哲学潮流的同盟者,这一潮流主宰着 20 世纪的下半叶,它们是实用主义和言语行为理论(早先的"日常语言哲学"和更早的英国普通感觉哲学的一支)。这些潮流想避免形而上学的推测,至少是唯心主义的那种,尽管德里达认为它们也是形而上学的,它们想回避自己的预设中的问题的想法是简单的和天真的。相反,德里达把它们看作是这同一种哲学倾向的代表,并认为它们对语言的日常用法为了合法性的目的(法律、政治组织)采取的批判态度是过分的,并不必然地是针对形而上学和先验之物的。有人会说,如果说胡塞尔和海德格尔这样的哲学家是试图在没有形而上学预设的情况下继续坚持一种严密的哲学传统,那么在此所讲那些英美哲学家——奥斯丁和约翰·瑟尔(言语行为理论)以及理查·罗蒂(实用主义)——在某些方面就是试图根本清除形而上学。在德里达看来,这种企图最坏是一种幻想(瑟尔论述德里达的盲点表明了其观点的某些严重缺陷）或根本上是不严密的或整个地——人们能说它是"哲学"吗？

对于那要避免的形而上学，德里达当然地称之为"在场的形而上学"，但这是他的术语，而不是英美哲学传统的术语。20世纪初，主要是在英国和美国，"逻辑实证主义"运动与大陆哲学的现象学运动成竞争之势。"逻辑实证主义"想直接求助于"经验"——与经验主义哲学家的"感性经验"类似——而不是确证思想一类的东西自明的理想性。（"思想"在这一哲学最基本的意义上说就是一幅"图画"。）不过如果它避免笛卡尔对既定的"形而上学"的遗产——先验之物的存在——的依附（不论是公开承认或仅仅只是暗示），它对我们称作"知觉"的东西所怀有的天真信念就是值得怀疑的。它认为（追随康德对综合命题与分析命题的区分），在某些情形中（其分析者典型地是从日常的陈述开始，如"猫在席子上"），对于人们能感知的某物作出有意义的独特的描述是可能的，而任何其他类型的陈述（如普遍的陈述）要想有意义，就必须或者是分析的和"关于"某个先天可认知的某物的（在认知之前，如在"所有的三角形都有三个边"或"原因必有结果"这样的无谓重复中），或者是综合的和"关于"某个可后天认知的某物的（在事实之后，如这样的假定："所有的树都要靠种子繁殖"或更夸大的说法"凡事必有因"）。在我们日常的感觉假定基础上，这似乎是再简单不过的。为了说明的目的，我们可以说，这一研究在语言上是天真的和简单化的，其对语言——例如"树"或"树性"的语义确认——和一般的语言或语义中介的形式根本不感兴趣，当然命题的逻辑形式除外。取代自然语言的丰富性，实证主义力图把思维建立在人为计算的基础上。因此，德里达对它相对而言没什么兴趣。

德里达所感兴趣的工作部分地引发了对这一哲学忽视语言的功能——而重视不变物（即所描述的东西）——的重新思考，它试图解释"我们如何指谓"和"所指谓的东西"。

所关注的焦点是"语境"的问题（例如前面的引文中的那个词"停泊地"）和协调任何特殊的、新生的事件（语言的或其他方面的）与语境方面的关系——包括起源和目的、规则以及意图——的哲学问题，在所说的那种分析中，这些问题据说是"有意义的"。（在德里达看来，对于解构而言，新生的东西能参与创造它的语境，而不仅仅是依附于主导的规则和决定性的意图，而且它也不是没有这样的语境。）语言学的事件总是通过话语的某些部分被置换时出现的类似的误解现象提出语境的问题（引文中的"脱离语境"就是一个例子）。如何脱离语言或其他再现方式去界定一个事件，这当然是一个问题，因为当现象独立于明显象征的中介呈现给我们时，我们所谓的"思想"或"意义"根本不可能脱离这种中介而得到确认。脱离了语言或其他象征中介——"书写"——的运作，就不会有思想或意义。例如，不通过图形的表征或数学公式（在这一扩展的意义上说，两者都是"书写"），我们就不能认识几何图形，尽管这一书写的效果是为了表明这种"理想性"的存在。（回到胡塞尔和几何学的例子，在一个十分简单化的意义上说，哲学推理一般的主题和程序，所有三角形的图形表征的比较表明，存在某个三角形性，它是不能被表征的，也从来没有被表征，因此它是理想的。）除非在表征系统的惯例中（包括定理的定义）——它们构成了这种思考的语境——这些概念根本就无法理解或者说没有任何意义。进而，非语言的行动，如一个坦克兵团长途跋涉穿过北非沙漠，这只有在名称、日期、军队口令文本、通讯和其他语言或指号资料或指令的语境中才有意义。但是如同这些资料或指令原则上总是有限定的（就观点和内容而言）和可修改的一样，任何不关心语言和指谓系统的行为描述也将是不充分的。行动的语言或话语通常的对立面要依靠已经受到质疑的指令。

　　观察告诉我们，语言和文化的假定对于文化环境而言一般是足够充分的——它们就存在于那一环境中——当出现新的环境时，文化就会适应当时的修正和改变。同样，在一定程度上说，不同的语境可以共存，它们之间是可以沟通的。例如，阿米什的农民可以和正在发展中的社会的汽车专卖店、公路和平共处。但是在为"判断、评价和行动中的现实性"（胡塞尔：《形式的和先验的逻辑》）提供不受影响的立场这个意义上说，这种语境并不是哲学的；评价、判断和行动的悬搁不等于是采取了一种立场。它只是一个自然主义的描述，即人们是如何生活或可能如何生活。它忽视了那个故事中的一个事实，即每个故事都有自己的语境，包括其世界观内附属的他者的存在，并且和整个语境一样，它一直在阐述一个语境，在那里，它的相对的和本土的"真理"接近于更高级、更普遍和无时间的真理。当语境之间、语言与行事方式之间存在冲突时，除了通过强力，该如何对其进行裁决？[②]能够从描述和在同一语境内为调整难以捉摸的描述而进行的再描述中为语境间的调解找到一个出路吗——例如，当发生冲突的两个人求助于武力的时候，他们两个都认识到了并相信财产或劳动纠纷的解决方式？在这种调解中人们能走多远而不需第三种选择，这一选择不是产生冲突的原初假定和命题的一部分？一句话，存在一个针对语境的语境吗？

又一次，西方哲学典型地求助于理性或合理性以及同一性与对立的逻辑假定作为理论冲突的仲裁者。凡是最有连贯性的（非矛盾的）、最统一的（与存在一致）和——德里达补充说——最容易辨认的（与西方形而上学最相一致的），就被认为是向真理的实现迈进了一步，这个真理在源头处就（神秘地）被遗忘了（根据亚里士多德的自然主义的假定，人类有相同的思想，只是偶然发现了不同的表达，或者根据另一个假定，外在于思想的存在是从经验获得的）。但是，根据德里达的观点，可辨认性（还可以补充一点，和可听性一样）并不是依赖于先前存在的、与符号自然地联系在一起的观念，因为口说的和文字的语言需要学习（没有一个特殊语言是作为拥有"观念"如心理意象或类似的东西的结果而给予我们的）。必须是符号，符号必须指向某物，非此，那某物就绝对是先行决定的。这一指谓活动——有人会说——是一种寻求意义和决断的活动。它必定会繁荣，它是可能的，这仅仅是因为"能指的自由游戏"和它能够没有限制地创新——不像笛卡尔所说的机器的能力，后者只能根据先行确定的演算方式创新。

在这两者间没有进行纯粹的区分，也没有在两者之间指出一个绝对的对立，首先存在的是对语言的足够关注和认识；其次是对行动的足够关注和认识。前者是把语言当作行动关注，后者是把行动当作语言、习惯和语义学关注；在可以颠倒说明的层面，这些与语言哲学中的一种运动有关，那就是"言语行为理论"，也与行动哲学中的实用主义运动有关。③

碰撞一：言语行为理论

这现在是一个陈旧的故事了：把声音置于文字之上，德里达称其为西方形而上学观点内一个绵延不绝的倾向，这一倾向坚持认为，声音言述的语境比文字言述的语境明显地更具有特色。如果你我在相互交谈，我们总要假定一个共同的交谈语境，在那里，即便是未说出的，也或多或少在我们的心中存在着，并且我还能根据你所说的来推断你的意思是什么。这时我的言语怎么能不是我想说的，即使我真的想撒谎或隐瞒？我们想当然地认为我们所说的双方相互都能明白，或至少是知道我们相互能明白和不能明白的原由。这个故事也可以这样来说，尽管戏剧中的反例和相反的环境会减弱我们对单一的声音言述的信任，这当然有赖于那些"规范的"言语行为的"引述"，这种行为在戏剧和小说中还是常常发生［例如，见德里达论莎士比亚的《罗密欧与朱丽叶》的论文"不合时宜的格言"(《文学行动》，第 414—433 页)］。如果事情出了差错，其理由在理论上说总是特殊的，而我们也能区分恰当的交谈和不恰当的交谈、快乐的行为表演和不快乐的行为表演（例如结婚、洗礼），它们既需要言说者的言语，也需要他的"在场"。以此类推，书写是一种省略的言语，更容易因为误认的言说语境（但是书写行为就不能创造它自身的言说语境么——它的含意也是特殊的？）和时间上的滞后——文字产品在原初语境或原初意图发生改变后仍一直存在着——受到不幸的感染。但是，德里达坚持说，所有的指谓活动，所有的语言，在结构上或系统上因为它的引述性或可重复性都容易产生这样的错误。署名可以是一致的，（因此）也可以是假冒的，尽管它的记号乃是言说和书写假定的结合点——就是说是自我在场的证明。

（在书写的时刻，我也同样不在场吗？我在言说行为中想改变我的意图根本就不可能吗？在言说行为中我对自己的意图——例如我想承诺或者完善我的承诺的意图——并不比我在书写的反思时刻对自己的意图更加清楚，这难道不可能吗？）

德里达的对付方法是他把那看作是言语行为理论的允诺和不足，在"署名、事件与语境"一文中（《有限公司》，第1—23 页），他对奥斯丁有新意但又累赘的论文《如何看待语言》的一个过渡句（"一直把我们自己限制在声音言述的单纯性中"）做了事后引申式的批评。他的反驳，简单地说，就是认为被归于言语的那种单纯性根本就不单纯。和"人文科学话语中的结构、符号与游戏"一样，在"署名、事件与语境"中，德里达把详尽复杂的批判浓缩为通俗的说明，并在许多场合和时候表述得更为曲折更为广泛。又一次决定性的关键是"言语"与"书写"的区分，以及在西方哲学中断言的言语对于书写的优先性。

德里达在"署名、事件与语境"中的分析以批判一个常识的假定开始，这一假定认为我们能够通过运用明显统一的概念如"交流"来言说语言，但是有一个事实动摇了这一假定，这就是：我们有关语言的语言全都有赖于对其他符号领域的借用。"交流"——被不加证明地看作是对语言的意图的界定（确认和限制）——具有许多非语言的意义，这些意义使得它在理论上显得是不纯粹的（就是说是隐喻的），因而哲学（我们注意到，这是笛卡尔主义的）将我们在分析中运用的概念的清楚明白当作标准是已经被折中的，因为我们开始一个话语言述明显是以常识为基础。但是，那被交流的究竟是什么，交流意味着什么？除了引述奥斯丁在其论文前面的那个引语，英美传统在此被分析整个地打断了，首先是法国哲学家孔狄拉克在《论人类知识的起源》一文中的分析——在文中，孔狄拉克明确地打算"补充"（扩展和弥补）洛克的《人类理解论》，但他没有完成对自身的语言哲学的充分说明。孔狄拉克试图证明书写作为"言语"的补充（以及言语作为"行为语言"的补充）的发生和发展，这就是书写把自身加诸于言语之上（例如通过增加远距离交流的可能性），或是填补言语的不足（例如持久性的缺乏）。但是这需要言说语境中声音的在场、言说者的自我在场以及用以交流的对象、观念或意义的在场作为代价。然而，根据德里达的分析，事实上，"每一种符号，不论是在'行为语言'中（理论上说它已经把两种概念结合在一起而不是分别对待——引者注）还是在论述性的语言中……都假定了某种缺席（有待确定的东西）"，这一事实要求"书写领域内的缺席必须是始源类型的缺席（不只是在同一领域内缺席程度的问题——引者注），如果人们打算承认书写符号无论怎样的特殊性"（"署名、事件、语境"，第 7 页）。如果"就这样使书写具有特殊的和恰当的缺席特征的指谓是想发现自身没有合适的符号和交流方式"，那么无论如何，"书写屈从于其一般性的所有概念……必定是非批判的、凌乱的或预定的，毋宁说，是确保某一历史话语的权威和力量"（例如"西方形而上学"——引者注）（"署名、事件、语境"，第 7 页）。这样，首先并有点奇特的是，一种没有确立这一"特殊的和恰当的在场"的存在而只是假定它存在，并——他没有这么说，但那一卷首语已经隐含了这个意思——"因为单纯性"的缘故单一地只集中于言语作为语言和交流的界定与合适媒介的语言哲学，必定不会充分关注一般的语言与交流。这样一种哲学假定言语能界定语言的一般领域，言语的明显特征——仅就其自身来考虑时——就是语言的规范特征，它与其他媒介如书写明显独特的特征有关，因此似乎是脱离常规的和不规范的。这正是他针对奥斯丁以及后来针对塞尔有关语言运用中规范与不规范的东西的假定所说的，德里达再次进入了游戏之中。

部分地，人们可以看到现象学在此的遗产，因为现象学就是一套从现象中整理出相似性与差异的规则，以获得胡塞尔所说的"理想性"——我们更多地称之为"概念"——这种"理想性"不是像简单的感觉印象（有待评价的现象）那么明确和独特的观念，而是根本上严密的"感性研究"的产物。现象学极其有用地指出的东西，尤其是在海德格尔的研究中，是意义的不明确，未被揭示的东西的明确与明晰性中（例如存在）未被揭示的意义。事实上，根据海德格尔的理解，这激励我们去关注把思的"道路"界定为对定义的挑战的边界和范围。这不过是一种否定，即否定存在这种道路——或者说存在意图、语境等——不过是一种置换策略，以揭示那最明显或最一般的东西并非必然地是普遍的或逻辑上先于其他一切。

"转述性"或"重复性"似乎是区分"书写"与规范的"言语"的一个明显特征。就是说，书写可以独立于语境存在，并能被嫁接到新语境中，而整个话语是可交流的，尽管是在发送者缺席的情况下被接收的和在接收者缺席的情况下被发送的，在这方面，书写明显不同于言语。值得注意德里达对书写符号作的详尽说明：

书写符号的发送总伴随着接收者的缺席。该如何称呼这种缺席？人们可能会说，在我写作的那一时刻，接收者在我的在场知觉的范围内就是缺席的。但这一缺席不正是一种遥远的在场吗，那被延搁的或者以这样或那样的形式在其表征中被理想化的东西的在场？事实似乎并非这个样子，或者至少说，这种距离、分化、延搁，这种延宕（异延）必定能够被带到缺席的某种绝对性中，如果书写的结构——假定书写存在着（例如它就是与言语有本质区别的东西——引者注）——是自我构成的。正是在这一点上，书写中的异延不再是在场的（本体论的）修饰。我的"文字交流"要想保持其作为书写的功能，例如它的可读性，它就必须是可读的，尽管一般地被决定的接收者根本没有出现。我的交流必须是可重复的——可复述的，尽管有接收者的绝对缺席或经验地决定的接收者的集体性的绝对缺席。这种可复述性［又一次，iter（复述）可能是来自梵文中的 itara，接下来的一切可理解为是脱离逻辑的活动，即把重复和改变联系在一起］结构了书写本身的标记，不论是何种特殊的书写……一种在结构上不具可读性——可复述性——且超出发送者的死亡范围之外的书写必定不是书写。（第 7 页）

必须记住，所有的书写都必须……能够在每一经验地决定的一般接收者根本缺席的情况下发挥功能。这一缺席不是在场的持续修饰，它是在场的一个裂口，是刻写在记号结构中的接收者的"死亡"或"死亡"的可能性。（第 8 页）

书写（或言语）如果绝对地依附于在场和言说某个个人主体的欲望，就是不可理解的，就不是书写（或言语），因为它恰恰就是那作为不可重复的东西（不可复述的东西）的反衬背景的可重复（可复述）的东西。它既不是言说者也不是接收者。

瑟尔的回应就是指出德里达在某种意义上玩得太过火了。［例如见"差异重述：回答德里达"和"倒转的世界"，《纽约书评》（1983 年 10 月 27 日），也见麦迪逊《德里达述评》。④］

根据瑟尔的观点，书写比言语更为持久，单单这一点就可以作为一个相关的（和必要的）区别。意图必定能在某一确定的语境中给书写或言语提供意义。但是德里达并不否认意图或语境与正典阐释的相关性；相反他指出：（1）维持或是消除意图的所谓持有者并不能控制或削弱任何言述的意义；（2）任何形式的文字或其他符号都能在多样的语境中发挥功能，因此人们不能通过规定某一特殊的语境削弱言述的可能意义。言述总可能具有意义，或多，或少，或是不同于我们被认为的意图。否则我们就不需有阐释者或正典。总之，他强调说，力图通过语言可能规范或一般的用法的指涉来解释语言的功能是天真的，它所建立的是语言"恰当的"功能，以区别于不规范的、"寄生的"和"不严格的"用法。恰当性不是言语或言述本身的属性。塞尔写道，一个"有意义的句子正是相应的（有目的的）言语行为明显的可能性"，这意味着：（1）对"有意义的句子"的解释已经是给定的（否则人们怎么能确认"相应的言语行为"？）；（2）意义就是与可能的言说者可能的意图的同一，尽管书写仅仅是（正如亚里士多德或孔狄拉克或西方哲学一般地认为的）言语的再现，后者的意义是自明的（对于同一语言可能相似的言说者而言，总是如此）。尤其是，它涉及的是对明显的信念的修正，这一信念认为言语的意义在语境中是自明的，是自我确证的，而书写的情形正好相反，正是这一信念促使德里达力图修补奥斯丁对待把言述看作是行动的语言研究的态度。没有一种意义绝对地是被决定的，并永远依附于主导的和持久的意图。一个"句子"或"言述"被置于游戏中，指向意义的可能性，但意义决不会本体论地是由相应的"意图"最终确定的，我们不可能为了确认的目的独立地通向意图。

德里达对其批判对象的兴趣首先在于奥斯丁的研究似乎是以一个分析为前提，这一分析并不能把语言的意义完全限定在"思考内容的传达或转换"，而是包括了"交流的原初活动……运作和效果的生产"（"署名、事件、语境"，第13页）的可能性，以及某一超越了"已经构成并由真理定位主宰着的语义内容"（第13—14页）的运动的引入。但是，他抱怨说，由于奥斯丁强调（尽管只是为了"单纯性"的原因）要赋予言语言述以优先性，他"模糊了习语的指谓系统中所有的对立"，这些对立通过关注书写或是德里达所讲的"一般文字书写"（第14页）就能揭示出来。例如，如果认定（如果这是我们一般的观点）文字语言可以被引述或者说是引述的，而声音语言在描述某个行动时差不多是源始的和真实的（自我确证的），那么我们就只是在复述有关书写与言语的古老偏见和区分，而没有注意到两者之间相关的相似性。简言之，瑟尔对有意义的句子的描述是循环性的，其方式恰好与先前的哲学传统的循环是一样的：我们如何"知道""相应的言语行为"的意义（它显然与某个意图和语境是联系在一起的）就是文字形式的句子的意义，如果我们没有先行知道可能的意义领域中——包括那些"不规范"

的意义领域中——文字形式的句子的意义？

"可重复性"是解构观点的关键，这一观点认为（相同的东西的）重复的声音总是有所区别，不同于其他情况的（相同的东西的）重复。根据第一种考虑，这就像是一个多余的观察，除非说——在德里达看来——不论西方思想（包括索绪尔的结构语言学和列维-斯特劳斯的结构人类学以及言语行为理论）是不是承认，它总是包括这样一种观点，即认为言语行为或言述是某一先天的认知实体或理想性不完整的再现，但是这不会对"相应的（意象性的）言语行为"背后的"意图"有所限制。在德里达看来，"意图"不是某一意识中的有意义的、凌驾于话语生产之上的物理或形而上实体；它们乃是指谓系统的结果，人们不能从它那里直接推出任何其他的运作实体或存在，这样做——又一次——只会是设定或假定一个与结果有关的原因。不论经验科学怎么理解"意识"，怎么把它等同于——例如——某种生物—化学的状态，它都与这些不能简约为某一事物或物性的存在的结果不是一回事。而且相反的、唯心主义的观点也不能肯定地确定：先验对象只能看作是指谓系统的结果。那个主格的我，斯蒂芬·哈恩，乃是身份认同和各种指谓的结果，包括我可能消失的那个人，那个名叫斯蒂芬·哈恩的人，不会同意这样一个信念，即认为存在着一个先验的理想性与之相对应。［它也不能反驳这一点，这考虑到了德里达与宗教，尤其是在他后期的作品中，广泛的碰撞（参见德里达：《向伊曼纽尔·列维纳斯告别》；德里达与瓦狄姆：《论宗教》；以及卡普托：《雅克·德里达的祈祷和眼泪：非宗教的宗教》）。]

碰撞二：实用主义还是宗教？

言语行为理论与实用主义的交流理论并没有太大的区别，只是后者引入了意向性的范畴，这似乎是在重复西方哲学思维中唯理论和唯心主义的传统。这不是说德里达否认意向直观，就像大卫·休谟那样（德里达对他还表示了某种亲密性），而是说他否认这一直观指涉某个永恒的或形而上的实体。（见休谟：《人性论》第一卷第四章第六节："自我或人格并不是任何一个印象，而是我们假设若干印象和观念与之有联系的一种东西。如果有任何印象产生了自我观念，那么那个印象在我们一生全部过程中必然继续同一不变；因为自我被假设为是以那种方式存在的。但是并没有任何恒定而不变的印象。"）行为理论的一个结论就是说人格是指谓系统、指谓过程和身份认同相继作用的结果（德里达自己的传记性反思就反映了这样一点），在那里，自我实际上不仅是由某个专名所意指的认同指涉的选择或决定能动地构成的，而且是由它所继承的那些指谓过程构成的。同时，这似乎忽视了游戏的作用，即组织一种完全超越了偶然的或任意的身份认同的政治社会话语的可能性。相对于纯粹的语言现象而言，"可重复性"是所有言述和指谓活动向再语境化开放的一个方面；这似乎是使所有的行为原则上向嫁接和修正保持开放，因此是使行动成为并非由道德、伦理和政治决定的——或者只暂时是决定的。缺乏通过这种开放建立一个普遍的"理性"，任何和所有的历史冲突都只有通过武力解决，所谓的正义仅仅是强迫接受一个本土化的"理性"或原理来凌驾于其他的理性之上，人们在理论上离霍布斯的"每一个人对每一个人的战争，在这种状况下，人人都受自己的理性控制"（《利维坦》，第一部分第十四章）并不太遥远。

一方面，在试图找到一条走出这一两难的道路的时候，德里达回到了圣经宗教的精神，并重新开始质疑那已经给自我和他者观念的发展提供了一个框架的价值——例如热情待客的好客行为的价值。另一方面，在把他自己置于唯理论的社会理论的对立面时——如理论家尤根·哈贝马斯的社会理论，用坎特尔·莫芙的话说，哈贝马斯想"找到一个代表上面所说的政治的观点，人们用这一观点就能证明民主制的优先性"（"解构、实用主义与民主制"，第4页；这再次让我们想起胡塞尔在《形式的与先验的逻辑》一书中的语言）——他似乎以这种对立偷偷地挤进了实用主义者的行列，这种人的社会观点据说是霍布斯的实用的公民社会理论的复活（在个人和集体被启蒙的自我利益中为公共的善寻找基础）。

针对德里达对实用主义的这种可能的认同，理查·罗蒂指出，"解构"对于社会理论没有任何积极的价值，因为——正如德里达已经实践的——它只是一种"自我追逐"的"私人"操作（"论解构与实用主义"，第 17 页），在力图避免唯理论或自然主义假定的形而上学的时候，它自己完全退回到了一个与行动的社会或政治理论无关的角落。

把德里达选择的亚伯拉罕的故事看作是有关选择的一个典型的或具体的故事：这一形象如何和以什么方式进入一种行动或政治理论中？因为这不是他在下面对政治决定论（或其他行动决定论）的确定性进行批判时所暗示的那种故事吗？

每当我听到某人说"我已经作出了决定"或"我已经承担了责任"这样的话的时候，我总是持怀疑态度，因为即便说存在所谓的责任或决定，人们也不能这样确定它们或者说承认他对于它们具有确定性或善的意识。如果我对某人特别地做了什么，我知道那是对他人的损害，是一个民族对另一个民族的损害，是一个家庭对另一个家庭的损害，是我的朋友对他人的朋友或非朋友的损害，等等。这是一种无限性，它就存在于责任之中；否则就不会有伦理问题或决定。而且这也是为什么说不可决定性并非某个需要超越或克服的时刻。责任的冲突——也只有在冲突中才存在责任——是没有终结的，甚至当我作出决定和做什么的时候，不可决定仍不会完结。我知道我做得还不够，道德感正是以这种方式存在着，历史和政治也是以这种方式继续着……与他人的关系不会终止，正是因为这一点，才有所谓的历史，才有政治性的行动。（"论解构与实用主义"，第86—87页）

然而，这一"无限性"只把它的负担加于人们认为在所有语境中所有必然同等的压迫的情形——例如包括我的朋友和敌人。这当然是几种《圣经》指令的关键，尤其是《马太福音》第5—7章的那些指令（所谓"至福"）。这些指令不是根据一般的财产法和贸易法编程或先行决定的，同时它们也不会改变那法律["莫想我来要废掉律法和先知"（《马太福音》，5：17）]。然而，在人们不会仅仅通过放弃债务或遵循命令就可以不负责任的意义上说，它们意味着"与他人的关系不会终止"。

这一理性所知道的逻辑或理性——这种理性否认自我之于他人的优先性，因此也否认任何单个的确定性认同如对民族—国家的认同的优先性——显然不能与历史和广义的政治领域的行动保持一致，它们不是构成城市和国家的材料。它们代表着外在于——不是必然的——城市和国家的某人的精神，尽管他可能不属于任何地方，他代表着那作为"精神"的"非物"——就像奥登的短语"在恐惧的王国中"["为时间的存在"（1944

年）]所说的，那可能是一个可以藏身的好地方，但不是作决定的地方——城市和国家作为对恐惧的一种防御就是依据这一决定建立的。

代表一种激进的介入，形式上的实用主义的政治时常像哲学的贸易联合体或工团主义那样发出声音，罗蒂称德里达是"浪漫主义的唯心主义"（"论解构与实用主义"，第 13 页），尽管有人必定会说归于他的这种唯心主义是态度上的而不是哲学上的。有人可能会觉得他的言论是出于一种宗教的动机，这一动机与欧洲文学和哲学浪漫主义有着某种亲缘关系——要确切地说明这一点是困难的——而且是一种先知的圣经传统的回声，但最终，它并不具有这一传统所指谓的那种神学之名（例如见《传道书》）。

注释：

① 又一次海德格尔简短地说："存在之存在是最明显的；不过我们通常看不见它——如果能够看见，也是十分费力"（《什么召唤思？》）。矛盾的是，那最明显的却是我们看不见的，这一悖论并不是解释，而是一个公理，它可以描述一直受到质疑和存在着的生活世界的构成。

② "强力"在许多英美哲学中有过讨论，在此通常把它归于逻辑和命题（逻辑本身是一组命题）。此"强力"何时出现？

③ 德里达与言语行为理论都试图介入这一不准确的划分，但言语

行为理论提供了一种意义理论，德里达也许会（或者实际上正
确地和不正确地）称它是形而上学的余孽。

④ "倒转的世界"事实上是关于美国文学批评家乔纳森·卡勒的
《论解构》一书的书评，据说这本书是在美国"新批评"的遗
产的语境中对德里达的一次不成熟的吸收。

5

On Derrida —————— 两难

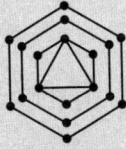

我们该如何理解直观？德里达在某个深层的意义上一直在言说着这同一个东西，同时又一直在言说着新的和令人惊奇的物以及主题上借用来的新的和令人惊奇的东西。——杰弗瑞·本尼顿：《阻击德里达》（第 194 页）

在你对我的书所期待的东西中，首先会受到质疑的是该书的统一性以及所谓的"书"作为一个完整的总体的统一性，与"书"这一概念所指谓的所有意义的统一性……在该书那些标题下，它是独特的和与众不同的文本"运作"唯一的问题——如果你愿意这么说——其未完成的运作则意味着不可能有一个绝对的开头，尽管它整个地被对其他文本的阅读所淹没，它还是以某种方式唯一地指涉着其自身的书写。我们必须调整一下去思考那两个观念。因此要对这些与某一"逻辑次序"对应的东西提供

一个线性的、演绎性的再现是不可能的。这一次序
也是要质疑的，尽管我认为我的文本的某个统一的
术语或面孔与它的要求是一致的，至少在想象中是
这样，为的是反过来把它写进这一次序不再控制的
行文中。事实上，你知道，首要的是，必须去阅读
和反复阅读我在书后所附的那些作品，那些介于"书"
的边缘的"书"，那些我标识的线中间的文字，阅
读一个文本同时就是在阅读一个几乎同一的和整个
的另一个文本，我甚至有些犹豫——因为明显的原
因——称它为片断。

　　　　　　　——雅克·德里达《立场》(第3—4页)

　　前面的那些短小章节包含着这样一个意思，即其本身可称
作书的一个摹本，构成它的那系列短小的章节尝试着把德里达
呈现在读者面前，后者的兴趣就在于了解这一难以捉摸的"主
题"。由于它们的简洁浓缩，它们必然失去了探究德里达著作
深层含义的机会，事实上，它们也放弃了宣讲某一传统的庞大
主题的机会，尽管这是同一读者所感兴趣的：例如德里达在有
人鼓吹共产主义已经死亡之后对于马克思的遗产——以及维
护这一遗产——究竟说了些什么？还有他对于精神分析学被建
制化后的弗洛伊德的遗产——以及维护这一遗产——又说了些
什么？这些问题人们在别的地方可能已经探讨过。但是如何归

纳对于一个作者而言核心的东西——他已经彻底地质疑了有中心的结构观和所谓书中的思想与话语的组织观（尽管写作看起来像是书或其他东西的某个东西乃是对书的外表的挑战），还有……人们可以列举出更多类似于上面说到的所谓"运作"。"这一次序（控制着'线性的、演绎性的再现'的'逻辑次序'）也是要质疑的，这句话并不意味着这一次序已经被整个地抛弃，或者说已经被证明是无关的和虚假的。但是它受到了质疑，而且——通过质疑——被置换；它被置换，而且——通过置换——受到质疑。为了什么目的？或者说是在何种目的的推动下？

从哲学的可以确认的开端以来，一直存在一个主题，即配得上思考之名的思考是独立于单一的因果联系、与传统单一的一致性（"人们讲述的东西"或者神话），以及隐秘的失与得的动机（经济学和政治学）、对首先憎恨的东西的命名。这些也总是在哲学的思和文本之内，不是作为"仅仅或隐秘的 X"，而是作为其结构（句法）和指涉领域（文字）的一部分。在那一意义上，人们可能会说，德里达在继续着哲学的传统，这一传统一直在反对其自身的不纯粹性或混杂性，这些东西与思无关。不过人们可能也会说根本没有脱离这三个因素而存在的东西，它们不过是正义、善、真理的先验原则，我们正是依据它们来哲学地确定我们的方向的；因此，如果先验被否定或否证了，就不会有什么定位。因此哲学总想断言、发现和坚持这些先验原则的方向，不论它们一直以来是如何被归纳和再归纳。哲学论断中不论多么关键的东西，似乎都脱不了这些元素的限制。

在一个十分相关的意义上说，理查·罗蒂是对的，他声称解构活动的所有斗争都是局部的（他似乎被误导了，如果他的意思是指这些斗争仅仅是关于局部问题的）。德里达总是介入文本之中。他从不从一个奠基性的陈述开始，如"太初有道"，或是从它的反题"太初无道而是别物"开始，或是任何其他暂时的或普遍的合乎要求的论断。甚至在《单语的他者》这样的充满格言警句的文本中，格言似乎也是游移不定的：

○   我们曾经只说一种语言。
            我们从未只说一种语言。

但是，与怀疑主义的思考的两难不同，这里的关键不在于这些对立是情境化的，属于不同时代或同一东西的不同方面；而在于，它们是那同一东西的构成因素，它们不是那东西，不是那在言说的主体（不是一个物），也不是它们所言说的东西（物化的东西）。到人们能哲学地言说的时候，当然已经有了文字、语言、书写，但没有纯粹的知觉，没有一个知觉不是已经中介化的，（在此落入了必然的文法错误，因为被称作"知觉"的东西必定是中介化的，其替代物并不能取代先于它的任何东西，

"非物"或"精神"。）在替代物中，我们言说着最一般的语词、语言、文字：他者的语词、语言、文字。

因此这与苏格拉底是一致的，他想认识人们所说的，而我们能说的只有一个问题，有关被接受的、可传输的、可重复的东西的问题，有关"理想的客观性"的摹本的问题，但不是人们最后所说的那个东西即终极真理的问题。因为如果它是人们所说的，那为什么人们所说的东西因人而异？为什么那已经被结构化的区分——不是通过原初的"想要说"，而是根据他们所说的东西的媒介资源——总是已经打开和强制打开一条道路和渴望创新？人们会并且能够渴望某个不同的东西吗？一位爱尔兰诗人在一首诗中说，"现在你必定是一个有教养的人……对那一问题的回答令我迷惑"（塞姆斯·哈尼"因果性"）。

作为有教养的人，我们希望德里达能让我们对某个东西有正确的回答，尽管事实上他似乎总是让我们陷入更深层的疑问。对于那些认为"哲学"存在于询问之中的人而言，这可以使他的文字成为哲学；对于那些认为哲学存在于回答和阐述一个重复的和著名的思维模式或者说程序中的人而言，这只会使他的文字更加难以捉摸——往好了说是一种智慧文学；往坏了说是一种问题请求。如何正确地阅读德里达，这本身就是一个明显不确定的、等待回答的问题，人们希望——不是碰巧——给这些问题找到一个答案。

On Derrida —————— 术语

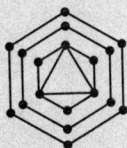

Aporia（两难）：希腊文中表示"困惑"的一个词，我们称之为"矛盾"，在德里达最常用的意义上说，它指的是"不确定性"，亦即思维的逻辑或程序的不确定性。它与德里达使用的道路一词有关（如"什么是没有两难的道路？"《论名称》，第 83 页），因为其希腊文的意义之一就是"无路可走"。[对德里达的"两难"（1993 年）和法律与政治问题的讨论，见比尔德斯沃斯，第 31—45 页。]

Bricolage（零敲碎打）：来自法文的"bricoleur"一词，在法语中它指的是用手头的工具来固定物体的那样一种人 [英语中隐喻性的对等词是"jackdaw"（寒鸦），一种不加选择地用能得到的材料筑巢的鸟类]，列维 – 斯特劳斯用它来描述对某一文化和"原始"思维中作为结构基础的各种内容的吸收。（参见"结构、符号与游戏"，第 255 页。）

Deconstruction（解构）：其最基本的用法指的是一种策略性的证明方式，即对立的双方相互需要创造一个完成或完整的幻觉，以掩盖对立的真实性，在那里，对立的每一方都已经隐含在另一方中并由另一方的展开而暗示出来——在一方的展开中被排除的东西总是已经隐含在这一展开中，而在两方之间不存在明显的可理解性或互补性。因此我们可以说"状态""实际上就存在于"独立于我们的话语或语言而得到描述的倾向中；更一般地说，解构指的是这样一种证明，我们总是处于我们为获得"最后的专名"（《声音与现象》，第 160 页）或"其本身总是逃避"阐述或决定的"总体指谓"（《声音与现象》，第 104 页）而使用的语言中；这个术语也被认作文学批评的模式（也许最准确的当是保罗·德·曼的批评），最后甚至包括任何形式的语言解释在内的所有种类的批评，因而其有用性是可疑的。德里达在《论文字学》（英文版 1976 年）和"结构、符号与游戏"（1970 年）中为理解此处所说的这个术语的意义提供了一个很好的场所；约翰·卡普托在《解构简论》（1997 年）中对其作了建设性的说明；克里斯托夫·诺利斯在《解构：理论与实践》（1982 年）中既对其进行了语境化的解释，又给予了广泛（也许太广泛了）的应用。"解构"意味着对符号的统一性、自我在场的言语、语言与存在的同一性等的一种批判。（也见大卫·伍德"追随德里达"，萨利斯编，第 143—160 页）

　　Difference（异延）：一个新造的混杂的术语，与弗洛伊德主义所说的"混成词"有点相似，是"differing"（差异）与"defering"（延宕）的组合（指谓着空间和时间范围），作为语言生产形式上的要求：（1）所有指谓性的记号的指谓过程都要通过它们与其他指谓性的记号的差异而不是它们之间的相似或它们与现象的联系，因此它们的差异（空间上的）优先于它们指谓的可能性或功能；（2）意义的"在场"总是一个延宕的现象，因为处在指谓链中的每个联系，每个记号都只是在其他对立的记号的展开中才能获得其意义，这些记号从不会完全说明自身，而总是指涉那在话语中不能在场的东西。"异延"本身不是一个实体，德里达力图不具体地把它说成是一个"概念"。[见"异延"（1968年），《声音与现象》，第129—160页。] 1968年在索邦大学的演讲构成了后来的"异延"一文，这篇论文收录在大卫·伍德和罗伯特·贝尔纳斯科尼合编的《德里达与异延》中。

Sign（signifier, signified）[符号（能指，所指）]：在《普通语言学教程》（第65—70页）中，索绪尔分析了语言结构，其中"能指"或"声音形象"（在言语中）和"所指"或"概念"共同构成了语言"符号"；就其与世界之间没有任何内在的联系的意义上说，"能指"是"任意的"，并且只有通过复杂但有组织的能指间的对立才能成为指谓性的。对语言本质做类似的进一步思考（作为一种形式的和非人格的系统的"语言"与作为语言的运用的"言语"之间的区分，见《普通语言学教程》，第77页）乃是结构语言学（一种建立在科学原则基础上的语言学）以及后来的结构人类学（如克劳德·列维-斯特劳斯的人类学）的基础。在胡塞尔那里，"符号"分析在许多方面与索绪尔的符号分析是类似的，包括德里达所批判的在索绪尔的解释中属于唯心主义残余的那些方面，他把这些方面追溯到了亚里士多德，后者假定语言的变化并不意味着"人人相同"的"心理经验"的变化（《解释篇》，16a；转引自《论文字学》，第 11 页）。富有特色的是，解构颠覆了心理经验对言语和言语对书写的优先性或优越性，因为正是符号的发明打开了我们确认为思想的"心理经验"的可能性：没有符号（"书写"或"言语"），就不可能有（这看起来是一种自相矛盾）"自我在场"的呈现，因为自我在场的在场乃是自身需要语言"增补"（也称作"异延"）——也类似于"自动影响"——的"言说主体"的在场。

Speech Act Theory（言语行为理论）：英美语言哲学的一种，代表人有奥斯丁和后来的塞尔，这种理论主要的焦点是把语言看作一种交流媒介和建构规范的手段，其基础乃是对知识的本质一系列实在论的假设，这些假设与亚里士多德的假设和我们日常的假设没什么不同。前者假定："心理经验……对于所有的人都是相同的"；后者假定：现实世界与我们对它的经验是可解释的，对言述的意义的解释根本说来是没有问题的。从德里达的角度看来，这可能更类似于实用主义的交流理论而不是真正的哲学研究。

Supplement（supplementation；supplementarity）[增补（增补活动；增补性）]：某个东西是另一个东西的"增补"，这意

味着前者是后者的一种添加或者说一种填充。例如书写在柏拉图和其他人如卢梭以及一般来说"西方形而上学"那里就被认为是对原发性的言语的一种添加（是它的指谓的功能特征的双重化），或者说是对言语的不足的一种补偿（如它缺乏持久性，不能够循环流通）。但是它也是危险的，如它的增补性对于这相同的作者而言（还有孔狄拉克这样的人），因为它威胁着要剥夺和置换人们之间以及人与自身之间的"自然"关系，例如通过创造新的社会等级关系和统治关系；通过提出新的神秘化和揭露（书信）的方面；通过滥用面对面交流的真实性；通过提供一种能减少记忆练习的必要性的修复术（人们再也不需要记忆那被写下来的名字）来削弱记忆的作用等。（见"……危险的增补……",《论文字学》,第 141—165 页,以及《论文字学》全书。）

Reduction（Phenomenological，Eidetic，Transcendental）［还原（现象学的，经验的，先验的）]：现象学的还原是胡塞尔所描述的一种方法,即通过从根本上悬置下述信念来指导"感性研究"，这一信念是：呈现给意识的感性材料是存在的（在那一材料有对应的物质存在或存在实体并属于世界这一意义上说），并通过对意识对象作非预设的考察来建构所有的知识。经验的还原是通过比较和变换同一类别的现象来决定在它们的可变性中什么是不可变的而界定理想性。先验的还原是指从现象的经验的可变性推导出意向性的不变性，这样，所有采取思考形式的经验都是思考某物的自我（自我、我思、我思者）的一种活动，这一活动不能进一步被还原，例如通过把自我分为各个部分进行分析，因为自我是不能经验的，而只是思考（意向性）的活动和意识的对象。胡塞尔的方法和例子对于德里达从事没有形而上假设的研究十分重要，尽管德里达并不"相信"摆脱、否定或逃避形而上学整个地是可能的。（见维拉德－迈耶尔：《论胡塞尔》，第 43—53、59—60 页。）

On Derrida ——————— 参考书目

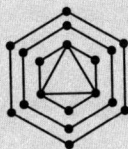

奥特:《阿尔及利亚公立学校教育中排犹的开除标准》
[Aouate，Y. C. "Les mesure d'exclusion antijuives dans l'ensei-
gnement public en Algerie (1940-1943)." Pardes 8 (1988)]。

亚里士多德:《亚里士多德读本新编》(Aristotle. *A New
Aristotle Reader*. ED. J. L. Ackrill. Princeton：Princeton UP，
1987)。

奥登:《诗集》(Auden，W. H. *Collected Poems*. ED. Edward
Mendelson. New York：Random House，1976)。

奥斯丁:《如何和语言打交道》(Austin，J. L. *How to Do
Things with Words*. Oxford：Oxford UP，1963)。

比尔德沃斯:《德里达与政治》(Beardsworth，Richard.
Derrida and the Political. New York：Routledge，1996)。

杰弗瑞·本尼顿:《阻击德里达》(Bennington，Geoffrey.
Interrupting Derrida. New York：Routledge，2000)。

杰弗瑞·本尼顿、德里达:《雅克·德里达》(Bennington，

Geoffrey and Jacques Derrida. *Jacques Derrida*. Trans. Geoffrey Bennington. Chicago：U of Chicago P，1993）。

布鲁克·埃利斯·本森:《上帝的踪迹：雅克·德里达的信仰》〔Benson，Bruce Ellis. *Traces of God*：*The Faith of Jacques Derrida*. Books and Culture (September/October 2000) 42-45〕。

罗伯特·贝尔纳斯科尼:《超越人道主义的政治学：曼德拉与反种族歧视的斗争》，见麦迪逊:《解读德里达》（Bernasconi，Robert. *Politics Beyond Humanism*：*Mandela and the Struggle Against Apartheid*. In Madison，ed. *Working Through Derrida*：94-119）。

鲁道夫·伯纳特:《论德里达的"胡塞尔〈几何学的起源〉导论"》，见斯立弗曼:《德里达与解构》（Bernert，Rudolf. *On Derrida's "Introduction" to Husserl's Origin of Geometry*. In Silverman，*Derrida and Deconstruction*：139-153）。

瓦尔特·比梅尔:《胡塞尔哲学发展中的核心术语》（Biemel，Walter. *The Decisive Phases in the Development of Husserl*：*Selected Critical Readings*. Chicago：Quadrangle，1970：148-173）。

阿尔伯特·加缪:《宾客》（Camus，Albert. *The Guest*. Exile and the Kingdom. Trans. Justin O'Brien. New York：Vintage，1991：85-109）。

约翰·卡普托:《坚硬外壳中的解构哲学：雅克·德里

达 访 谈 》（Caputo，John D. *Deconstruction in a Nutshell：A Conversation with Jacques Derrida*. New York：Fordham UP，1997）。

《雅克·德里达的祈祷与眼泪：没有宗教的宗教》（*The Prayers and Tears of Jacques Derrida：Religion without Religion*. Bloomington：Indiana UP，1997）。

埃丁纳·本诺特·德·孔迪拉克：《论人类知识的起源：洛克的〈人类理解论〉补正》[Condillac，Etienne Bonnot de. *An Essay on the Origin of Human Knowledge：Being a Supplement to Mr. Locke's "Essay on the Human Understanding"*（1756）. Trans. Thomas Nugent. Gainesville：Scholars' Facsimiles and Reprints，1971]。

乔纳森·卡勒：《论解构》（Culler，Jonathan. *On Deconstruction*. New York：Routledge，1982）。

雅克·德里达：《文学行动》（Derrida，Jacques. *Acts of Literature*. Ed. Derek Attridge. New York：Routledge，1992）。

《告别伊曼纽尔·列维纳斯》（*Adieu to Emmanuel Levinas*. Trans. Brault and Naas. Stanford：Stanford UP，1999）。

《他者的耳朵》（*The Ear of the Other：Texts and Discussions with Jacques Derrida*. Ed. Christie McDonald. Trans. Peggy Kamuf. Lincoln，NE：Univ. of Nebraska P，1982）。

《埃德蒙德·胡塞尔的"几何学的起源"：导论》[*Edmund*

Husserl's "Origin of Geometry": An Introduction（1962）.
Trans. John P. Leavey, Jr. Lincoln, NE: Univ. of Nebraska P,
1989]。

《海德格尔的手》（*Geschlect II*: *Heidegger's Hand*.
Trans. John P. Leavey, Jr. In Sallis, ed., Deconstruction and
Philosophy: 161-196)。

《死亡的赠礼》（*The Gift of Death*. Trans. David Wills.
Chicago: Univ. of Chicago P,1995)。

《丧钟》[*Glas*（1974）. Trans. John P. Leavey, Jr. and
Richard Rand. Lincoln, NE: Univ. of Nebraska P, 1986]。

《有限公司》（*Limited Inc*. Ed. Gerald Graff. Evanston, IL:
Northwestern UP, 1988)。

《哲学的边缘》[*Margins of Philosophy*（1972）. Trans.
Alan Bass. Chicago: Univ. of Chicago P, 1982]。

《单语的他者》（*Monolingualism of the Other*; or, *The
Prosthesis of Origin*. Trans. Patrick Mensah. Stanford: Stanford
UP, 1998)。

《论文字学》[*Of Grammatology*（1967）. Trans. Gayatri
Chakravorty Spivack. Baltimore: The John Hopkins UP, 1976]。

《论精神: 海德格尔及其问题》（*Of Spirit*: *Heidegger and
the Question*. Trans. Bennington and Bowlby. Chicago: Univ.
of Chicago P, 1989)。

《论名称》(*On the Name*. Trans. Dutuit, Wood, et al. Stanford: Stanford UP, 1995)。

《立场》[*Positions* (1972). Trans. Alan Bass. Chicago: Univ. of Chicago P, 1981]。

《明信片》[*The Post Card* (1980). Trans. Alan Bass. Chicago: Univ. of Chicago P. 1987]。

《监督的权利》[*Right of Inspection* (1985). Trans. David Wills. New York: Monacelli, 1998]。

《声音与现象》[*Speech and Phenomena: and Other Essays on Husserl's Theory of Signs* (1967). Trans. David B. Allison. Evanston, IL: Northwestern UP, 1973]。

《人文科学中的结构、符号与游戏》["Structure, Sign, and Play in the Discourse of the Human Science" (1966). In Macksey and Donato, *The Structuralist Controversy*: 247-272]。

"白色的神话:哲学文本中的隐喻" ["White Mythology: Metaphor in the Text of Philosophy" (1971) In Derrida, *Margins of Philosophy*: 207-271]。

德里达、吉安尼·瓦迪姆:《论宗教》(Derrida, Jacques. And Gianni Vattimo, eds. *Religion*. Stanford: Stanford UP, 1998)。

《剑桥哲学辞典》之《雅克·德里达》[Derrida, Jacques. (Martin C. Dillon). *Cambridge Dictionary of Philosophy* (2nd Edition). Ed. Robert Audi. Cambridge: Cambridge UP, 1999:

223]。

笛卡尔:《方法论》[Descartes，Rene. *Discourse on Method* (1637) *and The Meditations* (1641). Trans. F. E. Sutcliffe. New York：Penguin，1968]。

艾略特:《布拉德雷哲学中的知识与经验》[Eliot，T. S. *Knowledge and Experience in the Philosophy of F. H. Bradley* (1916). New York：Columbia UP，1989]。

《传统与个人能力》[*Tradition and the Individual Talent* (1919). Selected Prose. Ed. Frank Kermode. New York：Harcourt Brace Jovanovich，1975：37-44]。

爱默生:《论自然》[Emerson,Ralph Waldo. *Nature* (1836). In Ralph Waldo Emerson：Essays and Lectures. Ed. Joel Porte. Library of America，1983：7-49]。

菲尔丁:《汤姆·琼斯》[Fielding,Henry. *Tom Jones* (1749). Norton Critical Edition. Ed. Sheridan Baker. New York：Norton，1973]。

弗洛伊德:《超越快乐原则》[Freud，Sigmund. *Beyond the Pleasure Principle* (1920). Trans. James Strachey. Norton，1961]。

哈尼:《田野作业》(Heaney，Seamus. *Field Work*. New York：Noonday，1979)。

海德格尔:《什么召唤思？》[Heidegger，Martin. *What is Called Thinking?* (1964). Trans. J. Glenn Gray. New York：

Harper and Row, 1968]。

霍布斯:《利维坦》[Hobbes, Thomas. *Leviathan* (1651). Ed. J. A. C. Gaskin. New York: Oxford UP, 1996]。

霍布森:《雅克·德里达: 打开界线》(Hobson, Marian. *Jacques Derrida: Opening Lines*. New York: Routledge, 1998)。

豪威尔:《德里达: 从现象学到伦理学的解构》(Howells, Christina. *Derrida: Deconstruction from Phenomenology to Ethics*. Malden, MA: Polity, 1999)。

休谟:《人性论》[Hume, David. *A Treatise of Human Nature* (1739). Ed. L. A. Selby-Bigge. Oxford: Oxford UP, 1888]。

胡塞尔:《形式的与先验的逻辑》[Husserl, Edmund. *Formal and Transcendental Logic* (1929). Trans. Dorion Cairns. The Hague: Nijhoff, 1969]。

约翰逊:《德里达: 写作的场景》(Johnson, Christopher. *Derrida: The Scene of Writing*. New York: Routledge, 1999)。

拉康:"结构作为一种内置"[Lacan, Jacques. "Of Structure as an Inmixing of an Otherness Prerequisite to Any Subject Whatever" (1966). In Macksey and Donato: 186-200]。

列维:《胡塞尔的"起源"》的"结语"(Leavey, John P., Jr. "coda." In Derrida, *Edmund Husserl's "Origin"*: 183-192)。

洛克:《人类理解论》[Locke, John. *An Essay Concerning Human Understanding* (1689). Ed. Peter H. Nidditch. Oxford:

Oxford UP，1975]。

麦卡西、理查德和多纳托:《结构主义论争：批评的语言与人的科学》(Macksey，Richard，and Eugenio Donato，eds. *The Structuralist Controversy The Languages of Criticism and the Sciences of Man.* Baltimore：The Johns Hopkins UP，1972)。

麦迪逊编:《解读德里达》(Madison，Gary B.，ed. *Working through Derrida.* Evanston，IL：Northwestern UP，1993)。

弥尔顿:《诗集》(Milton，John. *Selected Prose.* Ed. C. A. Patrides. Baltimore：Penguin Books，1974)。

莫芙编:《解构与实用主义》(Mouffe，Chantal，ed. *Deconstruction and Pragmatism.* New York：Routledge,1996)。

《解构、实用主义与民主制》, 见莫芙编:《解构与实用主义》("Deconstruction，Pragmatism，and Democracy." In Mouffe，ed. *Deconstruction and Pragmatism*：1-12)。

诺利斯:《解构：理论与实践》(Norris，Christopher. *Deconstruction*：*Theory and Practice.* New York：Methuen，1982)。

《德里达》(*Derrida.* Cambridge：Harvard UP，1987)。

罗蒂:《论解构与实用主义》, 见莫芙编:《解构与实用主义》(Rorty Richard. *Remarks on Deconstruction and Pragmatism.* In Mouffe，ed. *Deconstruction and Pragmatism*：13-18)。

萨利斯:《解构与哲学》(Sallis，John，ed. *Deconstruction and Philosophy*：*The Texts of Jacques Derrida.* Chicago：Univ.

of Chicago P，1987）。

索绪尔:《普通语言学教程》[Saussure，Ferdinand de. *Course in General Linguistics*（1915）. Trans. Wade Baskin. New York：McGraw-Hill，1966]。

瑟尔:《再论差异：答德里达》[Searle，John R. "*Reiterating the Differences：A Reply to Derrida.*" Glyph I（1977）：198-208]。

《颠倒的世界》，见麦迪逊:《解读德里达》[*The World Turned Upside Down.* New York Review of Books，October 27，1983. In Madison，*Working Through Derrida*：170-183]。

斯立弗曼编:《德里达与解构》（Silverman，Hugh J.，ed. *Derrida and Deconstruction.* New York：Routledge，1989）。

斯特拉森:《德里达 90 分钟》（Strathern，Paul. *Derrida in 90 Minutes.* Chicago：Dee，2000）。

维拉德 – 迈耶尔:《论胡塞尔》（Velarde-Mayol，Victor. *On Husserl.* Belmont，CA：Wadsworth，2000）。

伍德:《追随德里达》，见萨利斯编:《解构与哲学》（Wood，David. *Following Derrida.* In Sallis，ed. *Deconstruction and Philosophy*：143-160）。

伍德、贝尔纳斯科尼:《德里达与异延》（Wood，David and Robert Bernasconi，eds. *Derrida and Differance.* Evanston，IL：Northwestern UP，1988）。